SORCIÈRES, FÉES ET GNOMES

Données de catalogage avant publication (Canada)

Pinault, Lucie

Sorcières, fées et gnomes

(Collection Essais)

ISBN 2-7640-0539-3

1. Sorcières. 2. Fées. 3. Gnomes. I. Titre.

QR530.P56 2002   398'.45   C2001-941652-0

LES ÉDITIONS QUEBECOR
7, chemin Bates
Outremont (Québec)
H2V 1A6
Téléphone: (514) 270-1746

© 2002, Les Éditions Quebecor
Bibliothèque nationale du Québec
Bibliothèque nationale du Canada
ISBN 2-7640-0539-3

Éditeur: Jacques Simard
Coordonnatrice de la production: Claire Morasse
Conception de la couverture: Bernard Langlois
Illustration de la couverture: SuperStock
Révision: Jocelyne Cormier
Infographie: Composition Monika, Québec

Nous reconnaissons l'aide financière du gouvernement du Canada par l'entremise du Programme d'Aide au Développement de l'Industrie de l'Édition pour nos activités d'édition.

Gouvernement du Québec – Programme de crédit d'impôt pour l'édition de livres – Gestion SODEC.

LUCIE PINAULT

SORCIÈRES, FÉES ET GNOMES

LES ÉDITIONS
Quebecor
QUEBECOR MEDIA

INTRODUCTION

La marraine-fée de Cendrillon, la sorcière Baba Yaga, les sept nains amis de Blanche-Neige, tous ces personnages ont peuplé notre imaginaire enfantin. Nous avons craint les sorcières, rêvé des fées, nous nous sommes moqués des nains. Maintenant que nous sommes adultes, les sorcières ne nous font plus peur, nous ne croyons plus aux fées et les nains sont devenus de petits bonshommes sympathiques. Nous gardons ces êtres fabuleux dans un coin de notre mémoire et nous leur vouons une certaine affection dont nous ne nous départirons jamais. Et pourquoi les oublierions-nous? Ils nous ont apporté tant de bonheur et nous ont permis d'explorer toute une gamme d'émotions allant de la peur à la tendresse.

Dans ce livre, nous irons à la rencontre de ces personnages fantastiques. Une première partie sera consacrée aux sorcières, celles qui, à cheval sur un balai, survolent les pages des livres de contes terrorisant princes et princesses. Mais nous irons au-delà des sorcières de papier pour lire une page d'histoire, celle de l'Inquisition, où des femmes de chair et de sang sont sorties de la légende pour endosser un rôle qui leur fut fatal.

Une seconde partie du livre sera consacrée aux citoyens du Petit Peuple, soit les fées, les elfes, les nains et les gnomes. Nous ferons la connaissance de plusieurs d'entre eux. Cette rencontre nous permettra de constater que tous ne sont pas de bons génies et que, comme les sorcières, plusieurs n'hésitent pas à user de leurs pouvoirs pour nuire aux humbles mortels que nous sommes. Enfin, chaque chapitre s'ouvrira et se terminera sur une légende illustrant la vie de ces êtres magiques.

Nous vous invitons donc à tourner la page afin de revisiter votre imaginaire.

Première partie

Les sorcières

La sorcière de Fife[1]

Il était une fois, au royaume de Fife, un vieil homme et sa femme. L'homme était paisible et débonnaire, mais sa vieille épouse futile et inconstante. Les voisins soupçonneux chuchotaient – non sans trembler – qu'elle était sorcière.

Son mari lui-même avait peur, car elle avait l'habitude de disparaître au crépuscule pour ne réapparaître qu'au matin, blême et fort lasse, comme si elle était allée bien loin ou avait travaillé bien dur.

Il essaya de l'épier pour savoir où elle allait et ce qu'elle faisait; mais la fine mouche s'éclipsait toujours quand il avait l'œil ailleurs et, avant qu'il l'ait rattrapée, elle avait tout de bon disparu.

Un jour enfin, il n'y tint plus; il lui demanda tout à trac si elle était sorcière et le sang du brave homme se figea quand, du tac au tac, elle répondit par l'affirmative; elle ajouta même que, s'il promettait de n'en souffler mot à quiconque, elle lui narrerait par le menu sa prochaine expédition de minuit.

Le brave homme fit serment; dans son bon sens, il préférait tout savoir des maléfices de sa femme.

---

1. *Contes de sorcières et d'ogresses.*

Son attente ne dura guère. La nouvelle lune tombait la semaine suivante : comme chacun sait, c'est le moment entre tous où les sorcières se donnent à faire ; dès la première nuit de la lunaison, la femme s'en fut dans la soirée et revint au point du jour.

Il lui demanda où elle était passée ; elle répondit, avec grande jubilation, qu'elle s'était retrouvée avec quatre compagnes du même acabit à la vieille kirk sur la lande : elles avaient enfourché des branches de vertes d'if et des rameaux de sapin, qui s'étaient en un instant transformés en chevaux. Rapides comme le vent, leurs montures étaient parties au triple galop et les avaient emmenées chasser le renard, la fouine et la chouette ; puis, elles étaient allées nager dans le Forth et avaient gravi le Bell Lomond. Enfin, elles avaient mis pied à terre et bu de cette bière que l'on brasse dans les chaudrons de l'enfer. Elles l'avaient bue dans des cornes montées sur pied comme nul artisan humain ne sait en confectionner.

Sur ces entrefaites, un tout petit bonhomme avait bondi de sous une grosse pierre moussue, la cornemuse sous le bras, et leur avait joué une musique envoûtante : à l'entendre, les truites elles-mêmes avaient sauté du Loch, les hermines s'étaient coulées hors de leur terrier, les corneilles étaient venues se poser en silence, ainsi que les hérons, perchés sur les arbres dans le noir, pour écouter. Toutes les sorcières avaient alors dansé leur sabbat jusqu'à n'en plus pouvoir, jusqu'au moment d'enfourcher vivement leurs palefrois afin d'être chez elles avant le chant du coq même si, de fatigue, elles tenaient à peine en selle.

Le bonhomme écouta tout du long sans mot dire, opina du chef et, quand elle eut fini, posa une question de bon sens :

« Et tu te trouves bien aise de toutes ces danses ? Tu aurais été mieux à la maison. »

À la nouvelle lune suivante, la vieille s'absenta de nouveau toute la nuit ; à son retour au petit matin, elle raconta à son mari que cette fois, elle s'était embarquée avec ses amies à bord de jolis coquillages et qu'elles avaient fait voile sur une mer démontée jusqu'aux côtes de Norvège ; là, elles avaient monté des chevaux de vent invisibles et, à bride abattue, franchi montagnes, vallées et glaciers pour atteindre la terre des Lapons, qui reposait sous un manteau de neige.

C'est là que battait son plein le festival des elfes, des fées et des sirènes du Nord, qui recevaient sorciers, lutins et farfadets, et même les chasseurs fantômes en personne, que nul œil d'homme n'a jamais aperçus. Et les sorcières de Fife s'en donnèrent à cœur joie, dansant comme bacchantes et faisant bombance entre deux chansons ; mieux, elles apprirent les mots magiques pour voyager dans les airs et ouvrir toutes les serrures et barres de porte, et donc entrer en tout endroit qu'il leur plaise de forcer. Elles étaient rentrées chez elles ravies d'avoir appris tant de nouveautés.

« Tu es donc bien faraude d'être allée te geler dans un pays pareil ? demanda le vieillard avec un grognement maussade. Tu aurais été plus au chaud dans ton lit. »

La fois suivante, le vieil homme commença à s'intéresser aux escapades de sa femme.

Les commères s'étaient de nouveau retrouvées dans la chaumière de l'une d'elles et avaient appris que l'évêque, seigneur de Carlisle, avait dans sa cave des vins rares. Les sorcières avaient posé le pied sur la crémaillère, prononcé les mots magiques enseignés par les elfes de Laponie et hop! elles avaient filé par la cheminée comme bouffées de fumée; elles avaient fendu les airs comme des nuages et, en moins de temps qu'il ne faut pour le dire, s'étaient posées sur le palais de l'évêque, à Carlisle.

Toutes les barres de porte et verrous s'étaient ouverts devant elles: elles étaient descendues tout droit à la cave et avaient goûté maint vin; au chant du coq, elles étaient de retour à Fife, sobres comme devant.

À ces mots, le vieil homme ne tint plus sur son siège: cela devenait intéressant. Il aimait le bon vin par-dessus tout, mais n'avait guère l'occasion de s'en régaler.

«Par Dieu, voilà enfin une femme dont je puisse être fier! s'écria-t-il. Apprends-moi ces mots, ma bonne, que j'aille moi aussi lamper le vin vieux de sa seigneurie!»

Mais la vieille ne l'entendait pas de cette oreille:

«Nenni, je ne puis! Si je te révélais la formule et que tu la répétais, le monde entier en serait retourné. Plus personne ne voudrait travailler, on s'amuserait à voler çà et là dans les airs et à chiper les affaires et les bonnes choses de ses voisins. Contente-toi de ce que tu as, mon brave. Tu en sais déjà assez long, inutile d'en savoir davantage.»

Et le vieux eut beau tenter de la convaincre par tous les moyens, elle conserva son secret par-devers elle.

Mais le vieux était finaud et les bonnes bouteilles de l'évêque ne lui laissaient aucun repos. Chaque nuit, il s'allait cacher dans la chaumière de la vieille, escomptant que sa femme et ses amies viennent s'y réunir; ses efforts restèrent vains plusieurs jours mais, un soir, ils furent enfin récompensés. Les cinq vieilles au complet commencèrent à se raconter en chuchotant, avec force gloussements, tout ce qui leur était arrivé en Laponie. Puis, courant au foyer, elles se hissèrent l'une après l'autre sur une chaise et posèrent le pied sur la crémaillère couverte de suie. Elles prononcèrent la formule et hop! furent avalées sous le manteau avant que le vieux ait le temps de faire ouf.

«Moi aussi, je puis le faire», se dit-il.

Se glissant hors de sa cachette, il courut au foyer. Le pied sur la crémaillère, il répéta ce qu'il venait d'entendre; la cheminée l'aspira d'un coup et il se retrouva dans les airs, à la suite de sa femme et des consœurs de celle-ci, comme s'il n'avait fait que cela de toute sa vie.

Les sorcières n'avaient pas l'habitude de regarder derrière elles: elles ne s'aperçurent pas qu'elles étaient suivies. Arrivées au palais épiscopal, elles descendirent à la cave et, là, constatèrent la présence de l'intrus: cela ne leur fit guère plaisir.

Cependant, elles n'y pouvaient rien et elles s'assirent pour prendre du bon temps. Elles mirent en perce un tonneau de vin, puis un autre, sirotant quelques

15

gorgées, mais sans excès. C'étaient de vieilles finaudes: elles savaient que si elles voulaient être rentrées avant le chant du coq, il leur appartenait de garder la tête claire.

Mais le vieillard n'était pas si sage; il but sans retenue jusqu'à ce que la tête lui tourne; il finit par se coucher sur le sol, et s'endormit à poings fermés.

Voyant cela, sa femme résolut de lui donner une leçon, afin qu'il se montre moins curieux à l'avenir: quand elle décida avec ses quatre compagnes que le moment était venu de se retirer, elles le quittèrent sans l'éveiller.

Il dormit ainsi béatement quelques heures, jusqu'au moment où deux domestiques, descendus à la cave pour tirer le vin de leur maître, faillirent lui marcher dessus. Stupéfaits par sa présence en ces lieux – la porte de la cave était solidement verrouillée –, ils le traînèrent dehors à la lumière du jour, le secouèrent, l'enchaînèrent et lui demandèrent comment il était entré.

Le pauvre vieux était tout ébahi de ce réveil sans ménagement, la tête lui tournait à toute vitesse. Il put tout juste balbutier «qu'il était de Fife et qu'il était venu avec le vent de minuit».

À ces mots, les domestiques crièrent au sorcier et le traînèrent aux pieds de l'évêque. À cette époque, les prélats avaient une sainte horreur des sorciers et de la sorcellerie: il ordonna de le brûler vif.

Quand il entendit la sentence, le vieillard regretta de tout son cœur d'avoir quitté son lit, par convoitise pour le vin de l'évêque.

Mais l'heure n'était plus aux regrets; les domestiques le traînèrent dans la cour, le ceignirent d'une chaîne et le ligotèrent à un lourd poteau de fer; puis ils entassèrent des fagots autour de ses pieds et y mirent le feu.

Dès qu'il se sentit léché par les premières flammèches, le vieillard crut sa fin prochaine. C'était oublier que sa femme était sorcière.

Dès que ses braies commencèrent à sentir le roussi, on entendit un grand froufrou et un claquement d'ailes : un gigantesque oiseau gris apparut dans le ciel, les ailes largement écartées; il piqua sur l'assemblée et vint se jucher un instant sur l'épaule du vieil homme.

Il tenait dans son bec un petit bonnet de nuit rouge qu'il enfila, à la stupeur des badauds, sur la tête du condamné. Puis il lança un croassement féroce et s'envola derechef : aux oreilles du malheureux, cet appel rauque était musique plus suave qu'il n'en avait entendue de sa vie.

Ce langage n'était pas, en effet, simple chant d'oiseau : il avait reconnu la voix de sa femme, qui lui soufflait les mots magiques dont il avait besoin. Il exulta de joie : c'était, il le savait, la clé de sa délivrance. Il les cria à pleins poumons, ses chaînes tombèrent en tintant et il fut enlevé dans les airs, de plus en plus haut, sous les yeux ahuris de ceux venus le voir griller.

Il vola ainsi d'un trait jusqu'au royaume de Fife, sans avoir pris congé; et, une fois en sûreté chez lui, il n'essaya plus, soyez-en sûr, d'espionner sa femme : il lui laissa ses secrets cabalistiques.

CHAPITRE 1

BONNES ET MAUVAISES SORCIÈRES

Avec la vague *Harry Potter* qui a déferlé sur le monde ces derniers temps, sorciers et sorcières sont revenus au goût du jour. On y apprend qu'il y a de bons et de mauvais sorciers, que la magie, si elle est parfois utilisée pour dominer son entourage, voire le monde, peut aussi servir à des fins humanistes.

Partir à la découverte de l'univers des sorciers et des sorcières, c'est aller à la rencontre de personnages qui ont marqué l'histoire. Figures mythologiques, hommes et femmes de chair et de sang, incarnations du mal et, surtout, victimes du fanatisme, ces magiciens sont au cœur de toutes les cultures et de toutes les traditions. Chaque peuple a ses sorcières, chaque homme a ses démons. Les sorcières sont un peu une partie de chacun de nous. Elles incarnent nos peurs et portent en elles notre colère.

Dans ce chapitre, nous irons à la rencontre des sorcières d'hier, de leur histoire et des mythes qui les entourent. Les sorcières ont-elles vraiment existé ou sont-elles un symbole des horreurs causées par la répression?

Sorcerus

Le nom «sorcier» vient du latin *sors*, *sorcerus*, qui signifie «diseur de sorts». Quant au mot «sorcellerie», il vient du vieux français *sorcerie* et signifie «pratique du sorcier».

Les sorcières, diseuses de sort, pratiquantes de *sorcerie*, sont de toutes les époques. Le auteurs de contes merveilleux les ont couchées sur papier pour mettre en valeur princes et princesses qui seraient bien fades sans ces faire-valoir diaboliques. Les contes et légendes prêtent aux sorcières le masque de la cruauté; l'histoire nous permet cependant de découvrir leur face cachée.

Si les sorcières survolent le monde depuis des temps immémoriaux, la pratique de leur art, la magie et l'usage de leurs pouvoirs n'ont pas toujours été destinés à des fins maléfiques. Il y a eu de bons et de mauvais sorciers, comme de bonnes et de mauvaises sorcières. C'est à nous de les découvrir.

En remontant le cours de l'histoire, loin, bien loin derrière, soit jusqu'à l'Antiquité, on peut retrouver les premières sorcières, celles qui figurent dans les récits mythologiques et qui ont d'ailleurs influencé plusieurs générations d'auteurs.

Chez les Grecs et les Romains, la croyance en la magie était très présente; on craignait le courroux des déesses-sorcières autant que la fureur des dieux. Hécate, grande déesse de la magie et de la divination chez les Grecs, était associée à la Lune. Les images qui la représentent sont terrifiantes: sa chevelure est faite de serpents et elle est accompagnée de chiens féroces et de loups assoiffés de sang humain. Les Grecs en avaient très peur; pour éviter sa terrible colère, ils lui offraient, chaque mois, du fromage, des agneaux et des chiots noirs.

Circé, fille d'Hélios, dieu du Soleil et de Perséis, une Océanide, fut elle aussi une figure marquante de la mythologie grecque. On disait qu'elle avait le pouvoir de faire descendre les étoiles sur la terre et qu'elle détenait le secret de la fabrication de philtres et potions magiques. Dans l'épopée d'Homère, *L'Iliade*, Circé a joué un rôle important. Quand le navire d'Ulysse accosta sur son île, l'île de Circé, elle transforma en pourceaux les compagnons de voyage du héros. Amoureuse d'Ulysse, elle le retint près d'elle pendant de nombreuses années et répondit à ses moindres désirs.

Toujours dans la mythologie grecque, Médée fut, elle aussi, une magicienne célèbre. Éprise de Jason, elle mit ses connaissances à son service pour l'aider à s'emparer de la fameuse Toison d'or. Elle lui concocta philtres et potions qui lui permirent de surmonter les épreuves qu'il affronta tout au long de sa quête. Médée donna à son amoureux un onguent fait à partir du sang du Titan Prométhée. Cet onguent avait le pouvoir de protéger son amant des flammes des dragons. Circé est aussi connue pour les horribles crimes qu'elle a commis pour satisfaire ses ambitions.

Chez les Romains, Diane, vierge et chaste, était considérée comme la déesse de la Lune. Elle pouvait être cruelle envers ceux qui la contrariaient. Cette déesse est encore vénérée par certaines congrégations de sorcières contemporaines.

Enfin, Isis, déesse-sorcière des Égyptiens, ressuscita son époux Osiris. Isis avait le pouvoir de la métamorphose et détenait le secret de la vie.

Pendant l'Antiquité, la magie et la sorcellerie n'étaient pas uniquement le privilège des déesses et des dieux. De simples mortels en connaissaient quelques secrets et en faisaient usage. Astrologues et magiciens jouaient des rôles importants auprès des gouvernants. Pourtant, chez les Romains, une loi, la Lex Cornela, interdisait toutes pratiques magiques nuisibles, l'envoûtement étant puni par la mise à mort de l'envoûteur. Mais, comme chacun le sait, ceux qui édictent les lois ne se sentent nullement tenus de les respecter, ils réservent leur application à la plèbe. Ainsi, les plus puissants n'hésitaient pas à contourner cet interdit pour atteindre leurs fins. L'empereur Néron, bien connu pour ses ambitions démesurées et sa soif insatiable du pouvoir, s'entourait de toute une cour de magiciens et suivait religieusement les conseils de son astrologue.

Malgré lois et interdits, la sorcellerie a continué d'exister et de rallier plusieurs adeptes, certains pratiquant la magie noire et utilisant leurs pouvoirs pour atteindre d'infâmes buts tandis que d'autres, reconnus par leur communauté, étaient des sages dont la parole et les pouvoirs étaient non pas craints mais écoutés et respectés.

Porteurs de sagesse

À la fois guérisseurs et gardiens de la tradition, les druides du peuple celte remplissaient un rôle primordial au sein de la communauté. Porteurs de sagesse, on les consultait quand venait le temps de prendre des décisions importantes. Leur parole était toute-puissante. Les chamans, chez les peuples amérindiens, notamment dans les tribus ojibways, occupaient aussi cette fonction.

Les druides, ces vénérés sorciers, employaient leur science à créer l'harmonie entre les forces surnaturelles et les éléments terrestres. Ils connaissaient aussi le secret des plantes et leurs propriétés curatives. Le dieu qu'ils vénéraient et qui était reconnu par le peuple était le dieu Cornu. Ce dernier s'apparentait à Faune, divinité romaine gardienne des bergers et des troupeaux, à Pan, divinité grecque de la fécondité, et à Cernunnos, une divinité semblable à Pan dans la Gaule ancienne. Les cornes de ce dieu païen symbolisaient le lien entre les forces d'en haut et les hommes. Ainsi, en ce temps-là, le peuple était tourné vers un dieu représentant des éléments essentiels à la vie, soit la fécondité et les richesses de la terre. C'est cette religion faite de croyances et de rituels magiques qui était au cœur de la culture du peuple et de celle des sorcières. D'ailleurs, à cette époque lointaine, la sorcière n'était pas celle que nous connaissons aujourd'hui. Héritière de pouvoirs magiques et de savoirs ancestraux, on avait recours à ses services pour traiter certaines maladies et concocter des potions.

Botaniste en herbe

La sorcière détenait le secret des plantes. Elle savait, par exemple, comment remédier à l'urticaire, guérir les brûlures d'estomac, faire renaître la passion chez les femmes attiédies par de trop nombreuses maternités et freiner les ardeurs de maris trop entreprenants. Elle connaissait les herbes qui renferment des poisons mortels et avait l'art de les doser pour composer des philtres merveilleux.

Parmi les plantes les plus utilisées par les sorcières, la belladone, la jusquiame et l'aconit possédaient d'innombrables vertus, entre autres celle de provoquer des hallucinations souvent effroyables. À forte dose, ces végétaux pouvaient même entraîner la mort. La mandragore, cette plante qui ressemble à un petit bonhomme et qui, à ce qu'on dit, pousse sous les potences arrosées par le sperme des pendus, était très recherchée. On prétendait que la mandragore possédait des vertus aphrodisiaques et divinatoires. Mais ne cueille pas la mandragore qui veut! Pour l'arracher à la terre, il fallait faire preuve d'astuces et de doigté. En effet, quand on essayait de la cueillir, elle poussait un cri effroyable qui glaçait le sang du cueilleur et provoquait sa mort. Pour obtenir cette précieuse plante, la sorcière avait élaboré une technique de cueillette fort ingénieuse. «De nuit, elle creusait tout autour des racines de la mandragore, afin d'en dégager le pied, puis elle passait une corde à la base de la plante dont elle attachait l'extrémité au cou d'un chien. Elle plaçait ensuite de la nourriture hors de la portée de l'animal et s'en allait s'abriter plus loin, en ayant bien soin de se boucher les oreilles avec de la cire. En tirant sur la corde pour atteindre la nourriture, le chien déracinait la mandragore qui poussait son cri, foudroyant l'animal sur le coup. La sorcière n'avait plus qu'à s'emparer de la plante magique. Elle la baignait dans du vin puis l'emmaillotait dans la soie avant de la remiser avec le plus grand soin dans un coffre prévu à cet effet[1].

Pour cueillir les plantes, les sorcières respectaient un horaire précis car elles savaient que leur pouvoir magique n'acquiert toute sa force qu'à certaines dates et à certaines heures. Ainsi, à la veille de la Saint-Jean, quand sonnait l'angélus de midi, on les voyait parcourir champs et bois pour cueillir ces précieux végétaux. Les sorcières garnissaient ainsi leurs herbiers, riches en remèdes de toutes sortes.

---

1. Édouard Brasey, *Sorcières et démons*.

Femmes de pouvoirs

Dans les contes merveilleux, la sorcière sillonne les cieux à cheval sur un balai. D'un coup de baguette magique, elle transforme un beau prince en un crapaud couvert de pustules. Circé n'a-t-elle pas transformé les compagnons de voyage d'Ulysse en pourceaux? Maîtresses de la vie et de la mort, les sorcières possèdent des pouvoirs qui semblent infinis. Isis n'a-t-elle pas délivré son époux des griffes de la mort?

Aux yeux des hommes, la sorcière est un être redoutable, ses pouvoirs étant sans limites. Les Anciens pratiquaient des sacrifices pour apaiser la colère de la déesse-sorcière. Les paysans du Moyen Âge, quant à eux, voyaient en elle une femme de pouvoirs qui avait la possibilité d'exaucer leurs vœux ou, selon son humeur, tout détruire d'un coup de baguette et de quelques paroles incompréhensibles. Gare à celui qui se brouille avec une sorcière! Il risque fort d'être plongé dans un sommeil éternel, à moins qu'il ne soit métamorphosé en minuscule souris des champs pourchassée jusqu'à la fin de ses jours par tous les chats du voisinage.

Les sorcières détenaient-elles vraiment tous ces pouvoirs ou n'était-ce pas uniquement le fruit de l'imagination débordante du peuple, nourrie par les légendes et, plus tard, encouragée par les fervents chrétiens de l'Inquisition?

Quoi qu'il en soit, les pouvoirs des sorcières impressionnent encore et, bien que, dans certains cas, on ait démystifié les trucs de ces magiciennes, beaucoup de leurs tours de passe-passe demeurent des énigmes.

Promenade en balai

Le pouvoir de voler a longtemps été considéré comme un grand mystère et suscite encore la fascination. Quand on prononce le mot sorcière, la première image qui nous vient à l'esprit, c'est celle d'une vieille dame à califourchon sur un balai par une nuit de pleine lune. Une sorcière sans balai, c'est comme une fée sans baguette magique, c'est un non-sens, une hérésie!

Les sorcières pouvaient-elles vraiment voler? Au Moyen Âge, des paysans affirmaient avoir vu des sorcières sillonner les cieux sur un balai. De même, lors des procès de sorcellerie, plusieurs sorcières ont confirmé ces dires.

À première vue, on a tendance à attribuer ce pouvoir au balai que plusieurs appellent d'ailleurs balai magique. Fait avec le bois d'arbres sacrés tels le noisetier, le saule ou le genêt, le balai, malgré ces composantes, ne peut être doté de facultés aussi surprenantes. La terrifiante Baba Yaga ne vole-t-elle pas dans un chaudron en utilisant un balai pour effacer toutes traces de son passage?

Lors de leurs procès, plusieurs sorcières ont dévoilé ce mystère. Avant de s'envoler, elles devaient s'oindre le corps d'un onguent dont elles enduisaient aussi le manche de leur balai. Différentes recettes de cet onguent ont d'ailleurs été retrouvées. Selon certains, les ingrédients principaux étaient de l'aconit, de la belladone et de la ciguë auxquels on ajoutait de la quintefeuille, du lys des marais, des feuilles de peuplier et du persil. Enfin, de la suie, du sang de chauve-souris et de la graisse de nouveau-né non baptisé venaient compléter cette mixture. D'autres recettes sont composées d'un mélange d'aconit, de mandragore, de ciguë, de jusquiame, de belladone et de nénuphar auxquels on doit ajouter de la graisse de nourrisson. Ces formules contiennent toutes deux de puissants hallucinogènes.

Ainsi, le vol des sorcières perd un peu de son mystère. Il leur suffisait simplement d'utiliser un puissant hallucinogène pour planer pendant qu'elles dormaient sagement étendues sur leurs paillasses.

Ces antiques recettes ont été remaniées et adaptées au goût du jour; on peut même en trouver sur certains sites web. Voici les composantes de l'une d'elles: de l'huile de clou de girofle, du sorbier, de la quintefeuille séchée, de l'herbe de la Saint-Jean, de la verveine, du chardon et de la teinture. Quant à la graisse de bébé, elle est remplacée par du saindoux ou du lard qu'on peut facilement se procurer dans n'importe quel supermarché. On décrit cet onguent comme étant un passeport pour les voyages astraux et les visions psychédéliques. Bref, c'est un hallucinogène maison qu'on dit efficace pour les grands voyageurs de divan.

Par ailleurs, le balai n'était pas l'unique véhicule utilisé par les sorcières. Au XVIIe siècle, les sorcières suédoises allaient à Blocula sur le dos d'une bête envoyée par le Diable. Avant de prendre son envol, la bête leur donnait une corne remplie d'un baume dont elles devaient s'oindre le corps. À la même époque, les sorcières du Somerset en Angleterre déclaraient que leur esprit leur donnait une huile verdâtre qu'elles s'appliquaient sur le front et les poignets. On raconte enfin que les sorcières scandinaves possédaient des brides magiques appelées *gand-reid*, faites à partir d'ossements et de lanières de peau de cadavre. Elles passaient ces brides autour du cou d'un animal ou d'un humain et partaient, chevauchant cette étrange monture.

Traire la hache

Les sorcières n'avaient pas seulement le fabuleux pouvoir de voler. Ensorceleuses, empoisonneuses... elles provoquaient famine et désastre selon leur bon vouloir. C'est du moins ce qu'on affirmait.

Ainsi, quand une sorcière voulait nuire aux paysans et semer la panique, elle faisait tarir les vaches. On devait alors aller la chercher et l'obliger à lever le sortilège. Il existait cependant un moyen de la punir et de l'obliger à rétablir la situation. Pour ce faire, à minuit, on faisait bouillir du lait de vache tarie et on frappait la casserole avec un bâton. Le Diable battait alors la sorcière qui, courbaturée et couverte d'ecchymoses, ne voyait d'autre solution que d'arrêter la malédiction pour faire cesser ce châtiment.

Quand le lait venait à manquer sur la table de la sorcière, cette dernière n'était nullement à court de ressources. Elle pouvait, en effet, traire le manche d'une hache. Il lui suffisait d'enfoncer le tranchant de la hache dans une bûche de bois et de tirer, tout naturellement, le lait du manche. Le lait qui s'écoulait était celui des vaches qui broutaient paisiblement dans le champ du voisin. Une technique de vol plutôt insolite mais profitable pour la trayeuse!

Les sorcières avaient aussi parfois la fantaisie de faire en sorte que le lait soit bleu, une autre façon d'alarmer les paysans. Toutefois, au grand désespoir de ces mauvaises plaisantes, le lait bleu était plus abondant, ce qui faisait le bonheur des villageois.

Envoûteuses et envoûtés

Pour se venger, les sorcières savaient façonner des objets auxquels elles transmettaient des pouvoirs maléfiques.

Ainsi, au XVIᵉ et au XVIIᵉ siècles, l'envoûtement était une pratique très répandue. Si on voulait éliminer un individu gênant ou simplement le faire souffrir, on pouvait se fier à la sorcière pour qu'elle envoûte la victime, lui causant des souffrances insupportables.

Pour procéder à un envoûtement, il suffisait de fabriquer une figurine, qu'on appelait «dagyde», à l'image de la personne visée. On la sculptait dans le bois ou on la façonnait dans la glaise ou la cire. Pour faire en sorte qu'elle symbolise la victime et qu'elle lui donne vie, on ajoutait à cette effigie un élément ayant appartenu à la personne, par exemple une pièce de tissu, un cheveu ou un ongle. Les cheveux et les ongles revêtaient d'ailleurs une très grande importance chez les praticiens de la sorcellerie. En effet, en Mésopotamie, en Perse et en Chaldée, là où la magie a vraiment pris naissance, on croyait que les ongles et les cheveux, détachés du corps, appartenaient au Malin. Il fallait donc veiller à ce que ces éléments ne soient pas jetés n'importe où: les sorciers risquaient de s'en emparer et de les utiliser à des fins maléfiques, ce qui est d'ailleurs le cas pour l'envoûtement.

La statuette ainsi complétée, on la piquait avec des aiguilles ou des clous aux endroits appropriés. Par exemple, si on enfonçait une aiguille dans la tête de la poupée, la victime était alors prise de maux de tête intolérables qui ne disparaissaient que quand on avait retiré l'objet pointu de la statuette. Ainsi, on infligeait à distance d'horribles douleurs et, si on le désirait, il était facile de causer la mort de l'envoûté.

«[...] le devin façonne grossièrement la silhouette de l'homme désigné et après avoir prononcé les mots: *Satan,*

29

venge-toi, il enfonce une épingle à l'emplacement du cœur dans la terre glaise encore molle. C'est là le talisman que le client emportera chez lui et, sur cette silhouette, il devra pendant trente jours enfoncer des épingles sur toutes les parties du corps. Au bout de ce temps, le sort sera conjuré[1].»

Aujourd'hui encore, on pratique l'envoûtement dans certains pays, par exemple en Haïti, où le vaudou demeure un culte assez courant.

Un autre sortilège très répandu était celui de la main de gloire. Ce lugubre chandelier avait le pouvoir de stupéfier ceux à qui on le présentait. La sorcière qui désirait pénétrer dans une chaumière pour y accomplir quelque méfait n'avait qu'à entrer en brandissant la main de gloire. Les habitants ainsi paralysés, elle avait tout loisir de disposer des lieux comme bon lui semblait.

La pièce essentielle dans la confection de la main de gloire était la main d'un pendu. On enveloppait cette main avec un drap mortuaire et on la laissait reposer dans un pot de grès contenant du zimat (substance inconnue), du salpêtre, du sel et du poivre long. Après quinze jours de macération, on retirait la main pour la sécher au soleil. Quand elle était bien sèche, on confectionnait une chandelle à partir de graisse de pendu et de cire vierge auxquelles on ajoutait du sisame (substance inconnue) et de la ponie (crottin de cheval). La main de gloire devenait ainsi un chandelier aux pouvoirs maléfiques.

Mais la sorcière avait aussi quelques bons côtés; ses services étaient grandement appréciés quand il s'agissait de gagner le cœur de l'être convoité. On croyait que ses philtres étaient plus efficaces que les lettres d'amour les plus enflammées.

---

1. *Contes, récits et légendes des pays de France.*

Il existe plusieurs recettes de philtres d'amour et toutes sont dites infaillibles. En voici une dont l'infaillibilité ne faisait aucun doute : on prend un cœur de colombe, un foie de passereau, une matrice d'hirondelle et un rognon de lièvre. On fait sécher le tout pour ensuite le réduire en une fine poudre à laquelle on ajoute quelques gouttes de son sang, et le tour est joué. L'amoureux transi n'a qu'à faire ingurgiter cette mixture à sa belle pour qu'elle lui ouvre ses bras et son cœur.

Au XVIIe et au XVIIIe siècles, les recettes se sont simplifiées, on a laissé de côté les abats. Il suffisait de se frotter les mains avec du jus de verveine et de toucher celles de l'élu. On pouvait aussi lui prendre la main en prononçant une formule magique. L'amour était alors au rendez-vous.

Enfin, les sorcières avaient le pouvoir fantastique de se métamorphoser. Elles pouvaient se transformer en arbre, mais choisissaient le plus souvent de se métamorphoser en animal. Elles prenaient alors l'apparence d'un chat noir, d'un corbeau, d'une chouette ou d'un crapaud. On raconte d'ailleurs qu'au cours de son procès, une sorcière s'est transformée en chouette et s'est envolée par une fenêtre. On ne l'a jamais revue.

De tous les animaux, on dit que le lièvre était l'animal de prédilection des sorcières ; son agilité, sa vitesse, son ouïe très développée et sa grande capacité sexuelle faisaient de cet animal un parfait camouflage. Le lièvre-sorcière entendait tout, pouvait fuir rapidement devant les prédateurs et satisfaire son goût pour le plaisir.

Enfin, toutes les recettes et les formules magiques des sorcières étaient consignées dans un livre que la sorcière conservait soigneusement, son grimoire. On disait de ce livre qu'il avait des propriétés magiques, car on ne pouvait jamais s'en débarrasser, il réapparaissait toujours là où on l'avait pris.

Compères maléfiques

On raconte qu'une sorcière n'allait pas sans un fidèle compère, petit animal familier aux pouvoirs maléfiques qui s'attachait à ses pas et commettait à sa place des délits mineurs. Dans les livres de contes, tout comme dans certaines gravures du Moyen Âge, la sorcière est souvent accompagnée d'un chat, d'un chien habituellement de couleur noire ou d'un crapaud, à moins qu'elle n'ait une chouette sur l'épaule ou qu'une chauve-souris ne plane au-dessus de sa tête. Les Inquisiteurs voyaient en ces animaux des démons mineurs doués d'intelligence et de méchanceté. Ces compagnons faisaient la partie belle aux chasseurs de sorcières, sorte de mercenaires de l'Inquisition qui n'avaient qu'à suivre ces familiers pour trouver leurs maîtresses. Ce qui leur permettait une capture à la fois facile et lucrative.

Les félins étaient particulièrement suspects, on voyait en eux l'incarnation du mal. On prétendait que ces chats, tels des vampires, se nourrissaient du sang de la sorcière en tétant ses mamelons. Toute excroissance de chair, verrue, tout kyste ou grain de beauté soulevé était considéré comme un mamelon. Quand on attrapait une présumée sorcière, on scrutait soigneusement sa peau pour y repérer le mamelon incriminant. La peau étant rarement lisse et exempte de toute excroissance, les Inquisiteurs décelaient facilement la preuve recherchée. Ainsi, des milliers de chats inoffensifs furent brûlés vifs aux côtés de leurs maîtresses, souvent, tout aussi innocentes.

Urine et rognures d'ongles

Avec tous ces pouvoirs, on imagine aisément la crainte que la sorcière faisait naître chez ses concitoyens. Pour éviter d'être victimes de ses maléfices, les paysans avaient recours à quelques trucs qui avaient pour vertus de l'éloigner et de les protéger de ses méfaits.

Ainsi, pour faire disparaître la sorcière et même la faire mourir, les paysans utilisaient une bouteille à sorcières. Dans une bouteille remplie d'urine, ils ajoutaient des rognures d'ongles ainsi que des objets pointus comme des clous ou des épines. À minuit, ils la faisaient bouillir. Si la bouteille explosait, la sorcière était morte; si le bouchon sautait, elle s'était enfuie et on en était débarrassé.

On suspendait aussi des plants de verveine ou d'aneth, ces plantes et quelques autres comme les branches de sorbier et les rameaux de buis servant à protéger la maisonnée des sortilèges. On prétendait également que le sel répandu sur le seuil de la porte détenait ces vertus protectrices.

Enfin, certains paysans portaient au cou des talismans ou suspendaient un fer à cheval à l'entrée de la maison. De plus, des règles bien précises, quant aux dates et aux heures de sortie, étaient respectées en vue d'éviter une fâcheuse rencontre et les mauvais coups du sort.

Le sabbat

Le sabbat, c'est la grande réunion des sorcières, un moment privilégié de rencontre entre le dieu Cornu et ses disciples.

Ce culte païen n'était en fait qu'une tradition très ancienne qui voulait qu'on rende hommage aux différentes divinités. Mais le sabbat, tel que décrit dans la littérature inquisitoire et par les sorcières elles-mêmes, consistait en une grande orgie où l'alcool, la danse, la fornication et même les sacrifices humains étaient pratiqués.

Au cours de leur procès, plusieurs sorcières ont raconté le déroulement de ce festin. Ainsi, dès leur arrivée, les sorciers et les sorcières se dévêtaient et s'enduisaient le corps d'un onguent aux propriétés hallucinogènes. Elles baisaient le derrière de leur maître et s'accouplaient avec lui. La fête se poursuivait ainsi dans la danse, les cris et l'alcool. On y pratiquait aussi parfois des sacrifices humains, les sorcières apportant des nouveau-nés non baptisés en offrande à leur dieu.

Voici une description du sabbat tirée du livre *Contes, récits et légendes des pays de France* et écrite par Julien Vinson. «Là le démon posait sa "chaire" dorée où il prenait place, le plus souvent sous la forme d'un bouc. Les sorciers défilaient alors devant lui, renouvelant leur renonciation à Dieu, l'adorant et l'embrassant par-derrière; quelques-uns lui offraient des jeunes enfants inconscients ou des recrues volontaires.

«Pour éviter la présence irrégulière des profanes, un signe de reconnaissance était exigé; c'était parfois la récitation de la série des jours de la semaine: mais il fallait avoir soin d'omettre le nom du dimanche, [...] Ordinairement [...] une messe était célébrée "par dérision et moquerie" et souvent par un prêtre, avec toutes les cérémonies ordinaires, mais avec cette particularité que l'hostie était noire. Après la messe et la quête, les sorciers et les sorcières se livraient à de véritables orgies. Les enfants gardaient les "troupeaux" de crapauds et de vipères et les vieilles femmes fabriquaient les poisons, les onguents et les poudres malfaisantes. [...] C'est avec ces poudres que l'on jetait des sorts et que l'on faisait mourir le bétail.

«Le sabbat durait jusqu'à l'aurore. On se dispersait alors régulièrement. D'autres fois, il était brusquement interrompu soit par le chant du coq, soit par un signe de croix, soit par une parole intempestive comme celle de cette fille d'Urdax qui assistait pour la première fois et qui, émerveillée du spectacle, ne put retenir l'exclamation admirative: "Jésus!" qui eut pour résultat de la laisser toute seule, dans la plus profonde obscurité au milieu des landes sauvages[1].»

Lors de l'Inquisition, les témoignages de sorcières ont permis de tracer un portrait de ce dieu Cornu, quoique les versions diffèrent. Certaines le décrivaient comme un grand animal noir au faciès de chèvre, tandis que d'autres lui prêtaient figure humaine mais ses pieds étaient des sabots. À partir de ces descriptions arrachées sous la torture, les tenants du christianisme n'ont eu aucune difficulté à associer ce personnage énigmatique à Satan lui-même.

Le sabbat ne se déroulait pas à n'importe quel moment; les sorcières suivaient un calendrier et les lieux de rencontre étaient, eux aussi, déterminés. Il y avait de petits sabbats qui, en général, se tenaient le vendredi ou le samedi. Quant aux grands sabbats, ils avaient lieu à trois moments au cours de l'année, soit le 2 février, le 24 juin, jour de la Saint-Jean, et la nuit d'Halloween, le 31 octobre, veille de la Toussaint.

---

1. *Contes, récits et légendes des pays de France.*

De plus, selon Édouard Brasey: «Certains lieux semblaient spécialement désignés pour accueillir ces assemblées de sorcières et de mauvais esprits, comme le mont Broken dans le Harz en Allemagne, le mont Chauve, près de Kiev, ou encore le puy de Dôme, en Auvergne. Sinon le sabbat se tenait couramment près d'un arbre mort, à proximité d'un gibet, d'un poteau indicateur ou à la croisée de quatre chemins[1].»

«Le sabbat prenait donc place dans les lieux et les moments de passage, marquant la frontière entre deux états, deux lieux ou deux moments, car c'est dans ces lieux et ces moments de passage que les esprits étaient les plus puissants[2].»

Une sorcière ne pouvait, sous aucun prétexte, manquer le sabbat. Pour assister à cette importante cérémonie, elle usait de toutes les ruses et de tous les pouvoirs dont elle disposait, elle pouvait même se métamorphoser en petite souris pour s'enfuir en passant sous la porte. Ainsi, le mari d'une sorcière voulant l'empêcher d'aller au sabbat, il la ligota à son lit. La prisonnière se changea alors en chauve-souris et s'envola par la cheminée.

L'étrange aventure de Jef Bouwels[3]

Voici une autre histoire de sabbat qui finit mal. Elle met en scène un riche orphelin, Jef Bouwels, qui fréquentait en tant qu'escholier le collège d'Anchin, à Douai, au début de l'année 1200. Ce beau jeune homme, âgé

---

1. Édouard Brasey, *Sorcières et démons*.
2. Édouard Brasey, *Sorcières et démons*.
3. Édouard Brasey, *Sorcières et démons*.

d'à peine vingt ans, avait pris pension chez la veuve Scheuleer, à l'angle de la rue de la Cloche et de celle de la Massue. Or, cette veuve avait une fille, la jolie Mike, avec qui Jef faisait de longues promenades au bord de la Scarpe. Un jour, il lui déclara son amour et lui proposa de l'épouser. Jef était riche, et la dot de Mike était loin d'être en rapport avec sa situation. Mais le jeune homme aimait la jeune fille, et rien d'autre ne comptait à ses yeux. Celle-ci accepta, à condition que sa mère donne l'autorisation du mariage.

Alors qu'ils rentraient, les deux jeunes gens croisèrent un marchand au physique ingrat et repoussant qui demanda l'adresse d'une pension où il pourrait s'installer quelque temps. Spontanément, Mike lui donna l'adresse de sa mère. L'homme remercia et s'en fut avec un air faux et sournois. Jef reprocha à sa fiancée d'avoir ouvert sa porte à un être si laid, mais elle lui répondit en souriant que sa mère ne pouvait pas héberger que des garçons aussi jolis que lui-même. Ce à quoi Jef ne trouva rien à répondre.

Quelques jours plus tard, Jef résolut d'aller trouver la veuve afin de lui demander officiellement la main de sa fille. Pour se donner du courage, il se rendit tout d'abord dans la chambre de Mike, qui était entrebâillée. Le garçon poussa la porte mais ce qu'il vit lui glaça le cœur. En effet, Mike se trouvait dans les bras de l'horrible marchand qui lui embrassait ses blanches et fines mains avec une répugnante convoitise.

Malade d'horreur et de chagrin, Jef retourna dans sa chambre et s'effondra sur son lit en pleurant. Comment Mike avait-elle pu tomber sous l'emprise d'un homme aussi laid? C'était tout bonnement incroyable. La seule explication plausible, c'était que le marchand était un sorcier qui avait usé d'un envoûtement afin de séduire la belle et pure jeune fille. Décidé à démasquer le mage, Jef s'en fut alors dans sa chambre afin d'y chercher quelques preuves du commerce diabolique auquel s'adonnait le prétendu marchand. Et, de fait, la chambre de l'inconnu était remplie de vieux grimoires, de cornues et d'ustensiles bizarres qui à eux seuls indiquaient assez la nature de ses pratiques et de ses fréquentations.

Jef voulut consulter certains des étranges livres qui se trouvaient là, mais ils étaient rédigés dans une langue inconnue. C'est alors qu'il entendit des pas résonner dans le couloir; le marchand revenait, Jef n'eut que le temps de se jeter sous le lit.

L'odieux personnage, inconscient de la présence du jeune homme, se mit à préparer un onguent en jetant diverses herbes dans une cassolette mise à chauffer sur le poêle en faïence. Il malaxa et touilla son infâme mixture jusqu'à ce que sonnent les douze coups de minuit. Alors le marchand se dévêtit entièrement et plongeant sa main dans la casserole encore fumante, il en retira une pâte dont il se recouvrit entièrement le corps de la tête aux pieds. Puis, en un éclair, l'homme disparut dans la cheminée, comme s'il avait été aspiré par un courant d'air.

Jef sortit de sa cachette et se mit à fouiller la pièce. Mais le marchand n'était nulle part. Alors, saisi d'une curiosité subite, il se déshabilla à son tour et s'enduisit la peau avec l'onguent. La pâte magique semblait gommer au fur et à mesure tous les pores de sa peau jusqu'à ce que Jef fût réduit à une sorte de fil invisible. C'est alors qu'il se sentit aspiré par la cheminée et qu'il se retrouva au-dehors, flottant dans les airs.

Emporté par un grand vent, Jef se mit à voler à une vitesse effarante, survolant les villes et les champs, sans savoir où il se dirigeait, jusqu'à ce qu'il atterrisse en un château inconnu où toute une assemblée de sorcières et de sorciers dansaient et s'amusaient ensemble. Parmi eux, Jef reconnut l'horrible marchand, mais il ne put s'approcher de lui car un sortilège l'obligeait à danser sur place sans pouvoir s'arrêter. Regrettant alors sa curiosité, qui l'avait mis dans un si mauvais pas, l'escholier se mit à invoquer l'aide divine. Aussitôt le château se volatilisa, ainsi que tout ce qui l'entourait. Jef se retrouva assis par terre, sur le sable. Autour de lui, les sorcières ayant pris part au sabbat s'enfuyaient sur leur balai en proférant toutes la même parole : «Orcamon!»

Jef voulut faire de même mais il se trompa et prononça le mot de travers :

«Rocamon!»

Aussitôt, il fut emporté à grande vitesse mais à ras de terre, et refit tout le chemin du retour en s'égratignant aux buissons et aux ronces et en percutant les rochers. Lorsqu'il parvint devant les portes de la ville de Douai, le malheureux jeune homme était en sang et ses vêtements étaient déchirés et boueux. Il prit le temps de se nettoyer et de se rafraîchir dans la Scarpe avant de revenir jusqu'à la pension de la veuve Scheuleer, impatient de retrouver sa belle Mike, à qui il était tout prêt à pardonner les caresses échangées avec l'affreux sorcier.

En chemin, le jeune homme fut surpris par l'allure des rues et des magasins de la ville qui n'avaient plus la même apparence que dans ses souvenirs. Les portes et les volets avaient changé de couleurs. Certains commerces avaient disparu, d'autres étaient apparus en l'espace d'une seule nuit. Il pensait s'être égaré dans une partie de la ville qu'il ne connaissait pas, mais finit pourtant par retrouver la pension à l'angle de la rue de la Cloche et de la Massue. Là aussi, la façade de la maison avait changé, mais il reconnut les lieux et frappa à la porte. Un trottinement répondit à ses coups, et il se retrouva en face d'une femme d'une soixantaine d'années qu'il n'avait jamais vue. La femme l'observa quelques secondes avec une intense attention, puis elle tourna le dos et se mit à s'enfuir à l'intérieur de la maison en poussant de grands cris. Très surpris par cet accueil, Jef entra délibérément dans la maison et gravit les marches de l'escalier qui conduisaient aux chambres à l'étage. Il se rendit directement jusqu'à sa chambre où se tenait, dans son propre lit, un vieil homme apeuré dans les bras de qui s'était blottie la femme inconnue qui se mit à crier encore plus: «C'est le fantôme de Jef qui vient nous hanter!»

De plus en plus étonné, Jef interrogea les deux vieillards terrorisés, en leur demandant ce qu'ils faisaient là, et quelles étaient les raisons de tous les changements qui semblaient être advenus depuis la veille. Le vieil homme se tourna vers sa femme et lui dit: «Je t'en prie, Mike, ne réponds pas à cette ombre...» «Mike? Mike Scheuleer est ici? Où est-elle?» s'exclama

Jef. «Mais... Je suis là...» répondit timidement la vieille femme. «Toi? Mais comment se fait-il que tu aies tant vieilli en vingt-quatre heures? Hier, lorsque je t'ai surprise en compagnie de l'immonde sorcier, tu n'avais encore que vingt ans tout comme moi!» Alors Mike se tourna vers Jef un peu rassurée et lui dit: «Mais Jef, s'il s'agit bien de toi, cela fait aujourd'hui quarante ans jour pour jour que tu as disparu, sans plus jamais donner signe de vie! J'ai cru que tu étais allé te jeter dans la Scarpe par dépit, après m'avoir surprise avec le sorcier qui m'avait envoûtée... J'ai dénoncé le sorcier qui a fini sur le bûcher, puis ma mère est morte et j'ai pris sa suite. Le temps a passé et j'ai été bien heureuse de rencontrer ce brave Jan qui a accepté de m'épouser, et qui m'a donné douze enfants...»

Jef était médusé. La nuit au cours de laquelle il s'était rendu au sabbat avait duré en réalité quarante années! Sa jeune fiancée avait vieilli et en avait épousé un autre. À présent il était seul dans la vie, sans aucun espoir de retour en arrière. Alors, Mike et son mari lui proposèrent de demeurer chez eux, et ils l'adoptèrent comme leur treizième enfant...

L'ère de la terreur

Au Moyen Âge, l'arrivée du christianisme changea la face de l'Europe. Les antiques cultes païens pratiqués par les paysans furent bannis et les fervents partisans de la religion chrétienne s'employèrent énergiquement à éliminer toutes ces pratiques et leurs disciples du paysage. C'est alors que le dieu Cornu, que tous vénéraient, prit le visage du démon, et ses nombreux adorateurs furent pourchassés. Cependant, les antiques croyances survécurent à ces tentatives d'écrasement et les paysans, nourris de ce culte depuis des siècles, y demeurèrent attachés et acceptèrent très difficilement ce nouveau dieu qu'on leur imposait. Ce grand inconnu qu'ils ne connaissaient pas et dont ils ne comprenaient nullement la doctrine, que pouvait-il leur apporter de plus que ce que le dieu Cornu, symbole de fertilité et des richesses de la nature, leur donnait depuis si longtemps? Quant aux gens de classes plus favorisées, ils adhérèrent sans opposition à cette religion nouvelle.

À cette époque, les sorcières n'étaient pas celles que nous connaissons, c'est-à-dire celles que le christianisme a défigurées, des suppôts de Satan. C'étaient des guérisseuses, connaissant les vertus des plantes et héritières de pouvoirs magiques ancestraux. Les pratiques diaboliques n'étaient pas aussi répandues qu'on voulait bien le croire; les sorcières cannibales, les envoûteuses représentaient des cas peu répandus. Les paysans, résistant encore à la main de fer du clergé, ne voyaient pas le regard de Satan dans les yeux de la sorcière.

L'épidémie de peste et la famine qui régnaient à cette époque amenèrent les gens à chercher dans la magie une solution à leurs malheurs; il y eut alors une recrudescence des praticiens de la sorcellerie. Le nombre de sorcières et de sorciers augmenta. Plusieurs anthropologues, dont Margaret Alice Murray qui fut une des premières anthropologues à étudier les procès de sorcellerie, attribuèrent d'ailleurs ce phénomène aux piètres conditions sociales de l'époque.

Désireux de trouver un responsable à leurs malheurs, les paysans se retournèrent contre les sorcières. On supposait que c'était elles qui empoisonnaient l'eau, faisaient mourir le bétail, et les sorcières devinrent alors le bouc émissaire. Il en fallait un et le discours chrétien leur fournit moult arguments pour incriminer ces femmes.

Face à cette situation, le clergé durcit davantage ses positions et s'engagea dans une terrible répression; la chasse aux sorcières était ouverte, elle dura près de quatre siècles, soit du début du XIVᵉ siècle à la fin du XVIIᵉ. Ce fut le pape Jean XXII qui, par une bulle pontificale, déclencha la chasse en 1326. Au cours des années qui suivirent, des milliers de bûchers furent allumés. Le dernier bûcher s'éteignit en 1781, en Espagne.

Pendant cette sombre période, chacun en profita pour régler ses comptes personnels, soupçonnant un voisin antipathique, dénonçant un ennemi de longue date; la méfiance et la haine s'emparèrent des paysans et un climat d'hystérie et de paranoïa s'installa. Toute personne présentant des comportements inhabituels devint suspecte. On raconte qu'une femme qui étendait sa lessive sortit les poches de ses vêtements pour les faire sécher plus rapidement. Sa voisine, alertée par cette pratique qu'elle jugeait peu coutumière, la dénonça aux chasseurs de sorcières. Les épileptiques, les psychopathes, les personnes affligées de tics, quels qu'ils soient, étaient présumés sorciers et sorcières. Pendant ces trois siècles, la haine, la terreur et la souffrance prirent le pouvoir.

«Issue des ignorances, des terreurs, des souffrances matérielles de la nuit du Moyen Âge, la sorcellerie avait pris dans les régions occidentales de l'Europe un développement considérable. La croyance au surnaturel sans cesse agissant sur le naturel et même susceptible de subir son influence, l'insuccès fréquent des prières et le redoublement de la misère publique avaient peu à peu amené dans la foi religieuse une déviation remarquable, et substitué le culte de l'esprit malfaisant, du démon prochain, à celui du Dieu bienfaisant mais éloigné. Le mal menace, imminent, et le bien tarde à venir : invoquons donc le génie du mal et donnons-nous à lui pour se concilier ses faveurs.

«De ce raisonnement avait résulté une sorte de religion occulte et mystérieuse, donnant satisfaction aux instincts de jalousie, aux passions rancunières, aux besoins inassouvis, aux convoitises impatientes des déshérités. Condamnés par la religion officielle, hostiles à l'organisation sociale, ces mécontents étaient par là même voués aux excentricités d'allure, aux agissements ténébreux, et forcés de se montrer d'autant plus cruels pour leurs ennemis qu'on les traquait plus impitoyablement. Il leur fallut dominer par la terreur dans les campagnes. Aussi peu à peu le mal devint-il universel[1].»

Dans son livre intitulé *Sorcières*, Candace Savage relate l'histoire de femmes innocentes du Lancashire, en Angleterre, qu'un jeune garçon de dix ans, Edmond Robinson, dénonça sans scrupules parce qu'il cherchait une excuse pour expliquer l'heure tardive de son retard à la maison. Il raconta qu'il avait rencontré des sorcières et avait assisté à un sabbat. Il révéla le nom de plusieurs personnes. Ce récit mensonger prit tellement d'ampleur qu'on arrêta des innocentes. Après les avoir interrogées, le doute s'installa enfin dans l'esprit des juges et Edmond avoua son mensonge qu'il avait tissé à partir de bribes de conversations entendues chez les adultes. Dix-sept innocentes furent

---

1. *Contes, récits et légendes des pays de France.*

impliquées dans cette triste affaire et moururent emprisonnées.

Édouard Brasey, dans *Sorcières et Démons*, utilise le terme «génocide» pour parler de cette période, alors que Candace Savage parle de «pogrom» dans *Sorcières*. Si ces mots choquent et semblent exagérés, il n'en est rien, puisque des milliers et des milliers de personnes innocentes ont péri sur le bûcher, et d'autres ont été pendues, sans compter les tortures qu'on leur a infligées.

Au début, les Inquisiteurs s'attaquèrent aux femmes âgées, prétextant qu'elles étaient plus faibles, donc plus susceptibles de répondre aux avances du démon. Ces paysannes pauvres avaient aux alentours de la quarantaine, cet âge étant considéré comme avancé au Moyen Âge. Par la suite, les soupçons se tournèrent vers les femmes plus jeunes, plus attirantes. Cette fois, leurs charmes et leurs attraits sexuels constituaient des preuves évidentes de leur commerce avec le Malin. Enfin, jeunes ou vieilles, laides ou jolies, toutes les femmes du peuple devinrent potentiellement coupables et constituèrent la cible des chasseurs de sorcières.

La chasse aux sorcières devint alors une vaste entreprise, qui, au nom du christianisme, permit à plusieurs individus de s'enrichir et de laisser libre cours à leurs instincts les plus sadiques. Les chasseurs de sorcières, les Inquisiteurs, les bourreaux, tout ce beau monde faisait son beurre au nom du droit divin. On dénonçait une voisine pour quelques sous, on lui inventait des mauvaises fréquentations pour avoir plus de pain à mettre sur la table. Menacées, les sorcières dénonçaient des amies, des connaissances qu'elles croyaient avoir entrevues lors d'un sabbat. Les langues allaient bon train et l'imagination avait la partie belle. Sorciers, sorcières, chats et chiens montèrent sur le bûcher. On raconte qu'en Angleterre, un cheval fut brûlé parce que son propriétaire lui avait appris à exécuter quelques tours. L'histoire ne dit pas si le maître a subi le même sort, mais on imagine facilement que ce fut le cas. La folie meurtrière avait pris possession de tous.

Quand on avait arrêté une femme, il fallait tout de même prouver sa culpabilité. Son corps était alors l'objet d'une inspection minutieuse. Pour repérer les marques du démon, on utilisait un objet pointu qu'on lui enfonçait dans la peau afin de trouver un endroit insensible considéré comme étant la marque du Malin. Cette invention fut l'idée d'un roi, Jacques Ier d'Écosse, qui s'inquiétait de la baisse du nombre de sorcières dans son royaume. Cependant, ce souverain ne limita pas là son esprit créatif, il trouva un autre moyen d'établir la culpabilité d'une femme. On la jetait à l'eau, pieds et poings liés, et, si elle flottait, sa culpabilité était évidente, on avait vraiment affaire à une sorcière; si, par contre, elle n'émergeait pas, c'était malheureusement une erreur judiciaire. Dans un cas comme dans l'autre, la femme périssait soit par l'eau, soit par le feu.

Pour arracher les aveux des présumées sorcières, le registre des tortures était vaste et les méthodes variées. Sorcière ou pas, l'accusée aurait inventé les crimes les plus odieux pour s'arracher à ces douleurs. La mort devenait un idéal en comparaison à une minute de ces souffrances.

L'exécution des accusées prenait des allures de fête nationale et on se disputait les meilleures places pour voir flamber la démone. Ce sadisme excitait les masses, leur permettait un moment de loisir, un exutoire à leur colère.

Cette vague de folie se calma peu à peu et le rationalisme commença à gagner du terrain. Toutefois, cette frénésie coûta la vie à près de 100 000 personnes.

Salem

Tout au long de cette période, l'Angleterre ne s'était pas montrée aussi féroce que plusieurs autres pays européens. Dans ce royaume, les sorcières étaient pendues ou jetées dans une chaudière d'eau bouillante plutôt que brûlées, et la torture était interdite. On mettait aussi moins de zèle à traquer les coupables qu'on ne le faisait en Écosse, par exemple. Pourtant, ce fut dans une colonie anglaise que le démon de l'Inquisition frappa.

En effet, en 1692, dans la petite ville de Salem aux États-Unis, deux jeunes filles, en mal d'émotions fortes, accusèrent des habitants du village de les avoir envoûtées. Ces accusations déclenchèrent une paranoïa collective. Elles accusèrent d'abord des femmes dont les mœurs étaient jugées peu convenables, pour ensuite s'attaquer à des femmes considérées comme vertueuses par les membres de la communauté. Les accusations proférées par ces deux jeunes hystériques coûtèrent la vie à quatorze femmes et à cinq hommes, et une centaine d'autres personnes furent emprisonnées. Les familles des accusés furent ruinées et on saisit tous leurs biens.

Par la suite, les jeunes filles à l'origine de ce drame confessèrent leur folie et s'excusèrent auprès des victimes, exprimant leurs profonds regrets. La communauté, dans un grand mouvement de repentir, se rétracta et présenta des excuses publiques aux familles des victimes, les dédommageant pour les torts qui leur avaient été causés. Mais le mal était fait et la ville de Salem, au Massachusetts, demeure désormais tristement célèbre.

Femmes sorcières

Dans l'histoire de la sorcellerie, on attribue généralement cette pratique aux femmes. Pourtant, il y a eu des sorciers, plusieurs sont même montés sur le bûcher. Cependant, la clientèle des Inquisiteurs était majoritairement féminine, comme si l'intimité avec le mal était le triste privilège des femmes. Dans toute cette histoire, il fallait un coupable et les femmes étaient toutes désignées pour remplir ce rôle. Descendantes de Lilith et d'Ève, parentes de Circé et de Médée, comment les femmes pouvaient-elles être innocentes avec des antécédents aussi lourds?

Dès l'origine du monde, la première femme d'Adam, Lilith, choisit de s'enfuir plutôt que de se soumettre à l'homme. Elle prit alors pour époux un ange déchu, Satan, et devint elle aussi une démone perverse et dominatrice. On associe Lilith à Circé, à Isis, à Médée et à Hécate, grandes sorcières de la mythologie. De là l'image diabolisée de la femme, descendante de Lilith et porteuse de son esprit pervers. À sa suite, Ève ne fit guère mieux: tentée par le serpent, elle croqua la pomme et fut ainsi l'instrument de la chute originelle. Oui, les femmes ont un passé bien lourd duquel provient leur attirance vers le démon. Ce sont ces arguments et plusieurs autres, tout aussi grossiers, qui conduisirent des milliers de femmes sur le bûcher.

En 1486, deux prêtres allemands, Heinrich Institoris et Jacob Sprenger, publièrent un ouvrage intitulé *Malleus Maleficorum (Le marteau des sorcières)*. Ce livre, qui fut traduit en différentes langues et édité plusieurs fois, expliquait, entre autres choses, comment reconnaître une magicienne du diable et quelles étaient les raisons qui les incitaient à pointer leur doigt accusateur vers les femmes. Outre les raisons invoquées précédemment, ces pauvres prêtres affirmaient que les femmes sont un mélange de ruse et de sottise, influençables et fourbes, vaniteuses et insolentes, leur appétit sexuel insatiable les poussant à s'accoupler avec le diable et à accomplir toutes les bassesses pour satisfaire leurs instincts et assouvir leurs passions. «Le spectre des femmes du *Marteau des sorcières* était revenu, plus troublant, plus menaçant que jamais. Elles dansaient sur les langues des prêcheurs; elles dérangeaient les dévots la nuit. Par milliers, elles étaient dehors pour semer le mécontentement et le désespoir, des villages de pêcheurs du Pays basque jusqu'aux villes agricoles de Bavière. Et chacune d'elles représentait un avertissement pour les gens, leur sommant de changer leur mode de vie: de rejeter les superstitions, de contenir leur désir et de se surveiller les uns les autres. La sorcière était jugée comme l'ennemi public numéro un, le Diable incarné en femme[1].»

Si, aujourd'hui, ces arguments nous font dresser les cheveux sur la tête, ils n'en ont pas moins été décisifs pour le clergé qui, à partir de ces affirmations, pouvait traquer les coupables en toute bonne conscience. Les femmes conduites sur le bûcher avaient simplement eu le malheur de naître femme à une époque où cette condition représentait une tare aux yeux des hommes et à ceux des gens d'Église qui étaient, eux aussi, des hommes.

Entre l'Halloween et la réalité

La sorcière, c'est le pendant démoniaque de la fée. Jolie et richement vêtue, la fée protège ceux qu'elle aime et leur

---

1. Candace Savage, *Sorcières*.

offre le bonheur. Partout où passe la fée, la joie se dépose en pluie d'étoiles et les élus de son cœur vivent heureux et ont beaucoup d'enfants. La sorcière, quant à elle, laide et mal fagotée, sème des embûches sur le chemin du héros, défie les forces du bien et jette des sorts à qui s'oppose à ses sombres volontés. Là où elle est, la foudre tombe et détruit rêves et châteaux.

Entre le conte et la réalité, il est parfois difficile de faire la part des choses. La sorcière de chair et de sang se confond avec celle des livres. On lui prête les mêmes traits, les mêmes pouvoirs : imaginaire et réel se confondent.

Des yeux rouges, un nez crochu et un menton en galoche constituent ses principaux attributs. Il lui manque souvent quelques dents et celles qui forment sa denture ne sont que des chicots jaunis, de là son haleine pestilentielle. Son teint est jaunâtre et la peau de son visage est parsemée de verrues et de kystes purulents. Pourtant, on dit que les sorcières peuvent changer d'aspect, mais il semble qu'elles préfèrent se métamorphoser en animal plutôt qu'en jolie femme. Si, d'aventure, une sorcière décide d'adopter les traits d'une reine de beauté, son miroir lui renverra sa véritable image.

Il existe pourtant de belles et bonnes sorcières. Ainsi, dans le conte du *Magicien d'Oz*, la jolie femme qui aide Dorothée à retrouver son chemin vers la maison est une sorcière. Une bonne sorcière! Elle est d'ailleurs en conflit avec l'horrible sorcière du Nord dont l'apparence est tout à fait conforme au stéréotype de la sorcière. Mais des sorcières comme celle-là se rencontrent rarement; on préfère leur prêter des traits répugnants pour bien signifier la différence qui existe entre le bien et le mal.

Les sorcières ont une tenue vestimentaire et des accessoires propres à leur profession. On reconnaît une sorcière non seulement à son visage renfrogné, mais aussi à son chapeau, à sa cape et à sa baguette magique, sans bien sûr oublier son balai. Les sorcières du Moyen Âge ne se promenaient pas dans cette tenue suspecte mais celles qu'on retrouve dans les livres ne peuvent s'en passer, c'est leur seconde peau, une partie de leur identité. Sans ces accessoires, une sorcière est toute nue.

Le chapeau pointu ne fut cependant pas toujours exclusivement porté par les sorcières. En effet, entre 1440 et 1480, les femmes portaient des chapeaux à une ou à deux pointes, cette coiffure étant alors très en vogue. Toutefois, les membres du clergé, voyant partout le démon, interdirent le port de ce couvre-chef : ils associaient les pointes aux cornes du diable. C'est dire à quel point la peur du Malin les hantait, les pauvres. Les dames durent donc se rabattre sur une coiffure moins compromettante. Seules les sorcières continuèrent à le porter et il devint une sorte d'emblème que les enfants ressortent pour leurs tournées d'Halloween.

La cape, bien que portée par les vampires, autres serviteurs de Satan, constitue, elle, un élément vestimentaire essentiel à la sorcière. On lui prête des pouvoirs magiques. Certains auteurs disent que la cape de sorcière était de couleur bleu foncé ou sombre et qu'elle était ornée de signes et de symboles magiques dorés. On ne portait la cape qu'en présence d'une divinité, par exemple, lors du sabbat. Dans les contes de fées, la sorcière porte une lourde cape sombre qui se distingue de celle de la fée, souvent légère et d'une couleur pastel.

Quant à la baguette magique, elle revêt une importance capitale. Pour la fabriquer, la sorcière utilise une branche de bois provenant d'un arbre sacré comme le sureau, le noisetier, le sorbier, le chêne ou le gui. Elle en évide la fibre interne et la bourre de coton sur lequel elle verse trois gouttes de son sang afin de lui donner vie.

Enfin, le classique chaudron noir sert à préparer le festin du sabbat, à concocter des philtres magiques ou...

Dans les livres de contes, certains accessoires utilisés par les vraies sorcières ne sont pas illustrés. Par exemple, la jarretière que les sorcières portaient autour de la cuisse indiquait leur place dans la hiérarchie. La jarretière était faite de cuir vert et doublée de soie bleue. Elle était ornée d'une ou de plusieurs boucles d'argent. Le nombre de boucles déterminant le rang de la sorcière dans la confrérie, certaines reines sorcières portaient jusqu'à sept boucles à leur jarretière.

Tous ces attributs définissent la sorcière réelle ou imaginaire et constituent son individualité. Toutefois, notre image de la sorcière est si imprégnée des contes et légendes de notre enfance qu'on oublie trop souvent les vraies sorcières, celles qui ne se déguisaient pas pour l'Halloween, celles qui furent les victimes du pouvoir religieux et qu'on ne rencontre que dans les livres d'adultes.

Modèles de sorcières, sorcières modèles

Quand la sorcière est apparue dans la littérature, on lui a prêté les traits de la cruauté, ceux que l'Inquisition lui a fait porter pendant trois siècles. Plus tard, des auteurs contemporains ont choisi de lui donner une autre image. Son visage s'est alors adouci; elle porte bien sûr le même costume, son nez demeure crochu et son menton pointu, mais la cruauté a fait place à la naïveté et un sourire remplace l'horrible rictus qui déformait sa bouche. Une nouvelle sorcière est alors née, en la personne d'une sympathique vieille dame, quelque peu gâteuse, qui semble avoir oublié les règles élémentaires de la magie. Cette sorcière puise, elle aussi, ses références dans les stéréotypes du Moyen Âge. Les Inquisiteurs ne se sont-ils pas d'abord attaqués aux femmes pauvres et âgées?

Babette Cole, dans son livre *J'ai un problème avec ma mère*[1], nous propose une autre image de la sorcière. Ici, la mère sorcière n'incarne plus la cruauté, elle est aussi très loin de la naïveté, elle représente la marginalité. Ce nouveau visage de la sorcière puise lui aussi ses racines dans les représentations du Moyen Âge. La sorcière n'était-elle pas exclue, marginalisée par les paysans?

Nous avons besoin de toutes ces sorcières, chacune incarnant une partie de nous. À quand la sorcière féministe et entière!

*   *   *

À notre époque, il existe encore des sorcières, de vraies sorcières, c'est-à-dire des femmes qui reprennent dans leur doctrine et dans leurs pratiques les croyances et les pratiques des sorcières du Moyen Âge, soit la connaissance et le respect de la nature ainsi que le retour du sacré. Féministes, ces sorcières veulent à la fois réhabiliter l'image des sorcières, victimes de l'oppression du christianisme, et celle des femmes qui, tout au long des siècles, ont été dominées, l'Inquisition constituant un exemple frappant.

Candace Savage, dans son livre *Sorcières*, fournit une excellente définition de la pensée des sorcières de Wicca et des croyances qui les animent: «Ce qui est au cœur de la

---

1. Paris, Gallimard, 1987.

sorcellerie féministe, c'est la possibilité de changements profonds non seulement individuels mais aussi culturels. Selon les adeptes de Wicca, le monde d'aujourd'hui est toujours menacé par l'esprit malveillant de la domination qui fut autrefois à l'origine de la chasse aux sorcières. La dévalorisation des femmes a entraîné une dévalorisation de la vie et la culture occidentale a franchement besoin d'être revitalisée[1].» «Si la nourriture, la santé, le travail, l'éducation, le logement et les espaces verts constituent nos besoins immédiats, notre intérêt absolu est le même: redonner au monde un sens du sacré et redonner ainsi la valeur à nos vies et à l'ensemble des êtres vivants, les humains, les plantes et les animaux qui partagent notre existence[2].» La pensée des sorcières de Wicca rejoint celle de beaucoup de groupes féministes qui ont à cœur de redonner aux femmes leur vraie place et de rendre aux sorcières leur véritable identité.

Sauver son âme

Pour terminer ce chapitre, nous présenterons une histoire de Claude Seignolle[3]. Elle se déroule dans la campagne française, après la période de l'Inquisition, et démontre à quel point la peur du Diable et de la possession est longtemps restée imprégnée dans l'esprit des paysans. Voici donc cette triste histoire.

L'Odile

L'Odile, de la locature de Varennes, n'est pas un régal pour les yeux, comme les autres filles. Fluette d'os,

---

1. Candace Savage, *Sorcières*.
2. Candace Savage, *Sorcières*.
3. Claude Seignolle, *Histoires sorcières*.

vêtue d'une robe ample à y tenir deux, elle s'essayait à plaire avec ses nattes claires, roulées en macarons sur les oreilles, ce qui faisait ressortir les éclaboussures de son qu'elle avait plein le visage.

Ses jambes et ses bras étaient couverts d'ombres ter-reuses prises à patauger dans les boues et à courir dans les poussières des champs. Mais allez vous laver quand on réserve l'eau au bétail!

Vous lui donniez moins de seize ans à cette bergère-là, alors qu'elle en avait dix-neuf de laisser-à-pousser toute seule au milieu d'un troupeau qui la protégeait plus qu'elle ne le gardait; bétail bien plus gras du res-pect et de l'attention du maître, Grosjean Lucien, Bec-en-Broc, comme on le surnommait, ce goulu de vin.

On ne connaissait ni père ni mère à l'Odile, personne des siens; elle, orpheline comme la lune, naïve à donner un air d'intelligence aux plus bêtes, mais saine de cœur à sourire à tous, même si tout le monde la ros-sait d'ironie jusqu'aux larmes.

L'Odile vivait toutes les misères de l'humanité, cepen-dant elle ne s'en plaignait jamais et personne n'en soupçonnait la noirceur tant le soleil des simples irra-diait l'azur de ses yeux.

Pourtant, malgré cette niaiserie qu'ils lui reprochaient, il fallait voir les hommes, avides, faire de longs détours jusqu'à elle; ce chemin en plus du travail pour la trousser à la va-vite-qu'on n'te-voie-pas.

Et si l'Odile se montrait pas toujours consentante, c'est qu'elle ne voulait pas contrarier ces loups, qui vous mordent de mots méchants lorsque vous n'éteignez pas ce feu-là. Et aussi, parce qu'ils se montraient une minute gentils avec elle, juste au moment du plaisir. Rien que pour ça, elle les aurait encouragés à recommencer.

Quasi tous lui pesèrent dessus, sous l'œil indifférent des bestiaux, témoins sans risques de médisances ; si bien qu'à force, elle se sentit prendre de la santé dans le ventre et grossir de là.

Comme ça enflait, l'Odile se demanda ce qui lui arrivait.

Mais on a beau ne pas être futée sur ces choses de femme, on les apprend vite, surtout lorsque ça remue de plus en plus dans la cosse de votre ventre, au point de sentir les coups.

Ce fut la mère Grosjean qui, la première, un soir au souper, remarqua l'événement par l'extérieur.

– Ça!... glapit-elle, grimaçante comme si l'Odile cachait une immondice sous son tablier... Ça!... c'est pas qu'tu portes?

Sans mettre un retard à répondre, l'Odile fit « oui » en souriant.

– Et qui c'est c'boulanger manqué qui t'a enfourné ça? cracha encore la fermière.

Alors, comme dans la compagnie présente se trouvait Grosjean qui, lui aussi, avait plus d'une fois goûté à sa bergère, et cela sans faire de détours, Odile le regarda fixement.

De se voir accusé aussi nettement, Bec-en-Broc lui jeta un regard menaçant tandis que son visage atteignait à un pourpre violacé qu'aucun vin à degré n'aurait jamais pu lui donner.

Mais il ne perdit pas son avantage de maître. Il s'avança vers la fautive qui, par habitude, protégea vivement sa tête avec l'écharpe de ses bras repliés. Cependant, il ne gifla pas: l'aveu est au bout de la douleur, tout le monde sait ça.

— Et qui donc va l'traîner dans la vie, ton bâtard? hurla-t-il à son tour, mauvais.

Mettant ses mains au creux de sa poitrine, comme si elle y posait deux bols à remplir, l'Odile se désigna elle-même.

La mère Grosjean, que le plus tard n'intéressait pas encore, interrompit son homme. Elle voulait, avant tout, savoir qui était le père et elle insista si coriacement que Grosjean, se sentant à nouveau menacé, lui flanqua une rude poussée: ce qui était pour l'une servit à l'autre, rien ne se perd.

— Qu'est-ce que ça peut t'faire, la mère?

— Ça m'fait que si c'en est un qui a d'l'argent, va bien être obligé d'aider, sonnant...

Et, tout en mimant le geste de dénouer une bourse et d'en déverser les écus sur la table, la bonne femme fit un clin d'œil cupide.

Bec-en-Broc sentit le risque. La mère était entêtée comme un clou rouillé pris dans du ciment; lorsqu'elle enfonçait quelque part sa curiosité, on avait du mal à l'arracher. Sûr qu'elle finirait par savoir.

— Et si c'était personne? risqua-t-il avec le ton de la conviction.

— T'as déjà vu que ça pouvait venir de personne, toi?

— Eh? eh?... Pourquoi pas?... Tiens, ajouta-t-il aussitôt pour noyer cette bêtise qui risquait de le faire suspecter... Tiens, j'pense à c'vieux bouc de Tripon... Je l'ai vu plus d'une fois remonter ses braies pas loin d'Odile... Ça serait lui que ça m'étonnerait pas...

De Tripon, qui jura sur ses deux chevaux en bonne santé, à Thibaud du même acabit, qui, d'indignation, en coinça sa chique dans son gosier, chaque coupable sut mentir à souhait. À les entendre, il aurait fallu les payer cher pour fouiller sous les haillons d'Odile. Ah non, tout, mais pas ça!

De l'autre côté, aucune femme ne soupçonna son propre homme d'avoir si bêtement mis le soc conjugal dans une aussi mauvaise terre. Par contre, tous pensèrent à celui de la voisine.

Mais, comme il fallait, pour l'honneur de tous, un plantegraine ayant bon dos, on eut recours au diable lui-même. Si bien ouvertement accusée de fornication avec le Mauvais, l'Odile en déduisit que tous les hommes étaient des Satans. Quant à ces derniers, ils reconnurent que leurs femmes usaient parfois de mensonges utiles.

Et, la chose passant sous l'aile de la religion, les femmes traînèrent l'Odile au curé. Celui-ci, rougeaud de vin de messe et le tempérament à fleur de soutane, fut averti et chargé de lui faire honte.

Il reçut la nouvelle mécréante dans la pénombre équivoque de sa caisse-à-pardonner. Au nom du bon Dieu, il exigea des détails, qu'il s'empressa de suggérer en fin connaisseur: à défaut d'avoir eu sa part, il voulut au moins la renifler.

Mais la malheureuse, paralysée par la solennité des lieux, ne lui offrit point cette jouissance. Elle grelottait inlassablement les mêmes mots, loin d'être évocateurs, eux.

— C'est pas ma faute... j'sais pas qui c'est... C'est pas ma faute... c'est v'nu comme ça...

— Si cette chose-là t'était arrivée dans les temps passés, tu aurais été jugée comme fiancée de Lucifer... Sorcière, si tu comprends ça, et brûlée vive sur un bûcher de fagots pour que ton âme, qui est le meilleur de ta vie, soit sauvée en partant avec le feu.

Et de noircir encore la culpabilité d'Odile avec le cirage de la soi-disant malédiction. Sûr que, s'il avait eu comme tous sa tranche de tarte, il aurait tendu plus doucement la main vers le plat pour en obtenir une autre!

— Tu as de la chance qu'on ne brûle plus les filles comme toi afin de les aider à préserver leur âme par les flammes... Mais tu as de la malchance aussi parce que, maintenant, tu vas être obligée de vivre avec le péché... Allez, va te repentir...

Satisfait de la peur donnée, il se gratta le front avec l'extrémité d'un signe de croix paresseux, tandis que l'Odile repartait à tâtons, la plante des pieds quasi déjà dans la braise.

Dès lors ce fut une sorte de damnation car, en plus, et à force de ruminer des « faut lui enlever c'ballon... faut l'lui enlever... », Grosjean finit par faire comme il disait.

Il appela l'Odile au grenier et lui posa, lourd sur le dos, un plein sac d'avoine ; mais elle plia des épaules et des genoux avant de tomber, le sac d'un côté, elle de l'autre.

Il l'obligea ensuite à grimper sur un large percheron, jambes écartées presque autant que les bras du Christ à son bois, et le fit galoper dans un labour jusqu'à l'écume.

Après, il la mit « aux seaux », et elle dut faire grimper la chaîne du puits pour servir tous les endroits de la ferme qui avaient besoin d'eau ; autrement dit partout et sans arrêt.

Rien ne fit, le petit tenait solidement dans l'Odile, et, comme c'était le premier être qui s'attachait si fort à elle, la fille se sentit des griffes au bout des doigts pour le garder et le défendre.

Bec-en-Broc les goûta le jour où, s'étant arrangé pour la faire dégringoler d'une échelle posée de guingois contre un cerisier, l'Odile roula dur dans l'herbe. Mais elle se releva aussi vite et lui sauta au visage, ni plus ni moins qu'un chat sauvage provoqué. C'est juste si elle lui laissa les yeux. Quant à ses joues, Grosjean put constater que ce n'était pas du cuir, comme il s'en vantait.

Et l'Odile vécut l'enfer.

On ne la laissa plus entrer dans la salle, ni coucher dans sa soupente ; elle trouva à peine de quoi manger dans une écuelle sale, jetée sur la pierre du seuil, et dormit au froid.

Bientôt, elle glana dans l'auge aux cochons et se chauffa aux flancs des chiens.

Cependant, bien qu'étant deux en une, elle se sentait seule comme jamais et, lorsqu'elle caressait le ventre flasque de la chienne-aux-moutons, qui avait souvent porté des fruits, mais en vain puisque Grosjean les avait chaque fois jetés à la Sauldre, elle pleurait déjà sur la noyade du sien.

Et elle savait que s'ils ne le noyaient pas, jamais ses maîtres ne nourriraient cette bouche en plus.

Aussi, peu à peu, à mesure du poids de tristesse qui étouffait cet avenir-là, tout proche puisque le petit achèverait avant les neiges son voyage de trois saisons, l'Odile, comprenant que tous ses malheurs venaient de ce qu'elle avait perdu son âme, décida de se faire brûler, comme avait dit M. le curé, pour la sauver...

L'âme !... Le meilleur de la vie... tout ce qu'elle n'avait jamais eu, et qu'elle pourrait enfin connaître grâce au feu puissant qui élève là-haut sa fumée, hors de portée des méchants : les gâteaux sur une table de lumière, le vin doux des fêtes, trois morceaux de sucre dans le lait du matin, des lèvres qui vous chantent, un lit chaud avec des draps, des vrais, qui sentent l'herbe mise à soupirer pour les rendre plus accueillants; et, surtout, un berceau qui bouge de ce qui est dedans; ou encore des baisers donnés, des baisers rendus!...

Oui, sauver son âme serait enfin posséder toutes ces joies pour elle et pour le petit, loin de chez les Grosjean qui ne les leur donneraient jamais.

Décidée, l'Odile se mit à brindiller dans les bois, cachant sa moisson sous une roche où personne n'allait jamais glisser sa curiosité. Cela lui prit des semaines, non point qu'elle hésitât pour faire comme avait dit M. le curé, mais parce que, ressentant d'avance une véritable allégresse, elle voulait la laisser durer.

Un jour que, ventre en avant, elle traînait une longue branche tombée, encore feuillue et touchée d'automne, l'Odile se trouva nez à nez avec un grand gars, pas connu du tout, un jamais vu, mais qui lui parla si gentiment qu'il ne pouvait être que d'ailleurs.

— Pourquoi t'as ramassé ça?... C'est pas qu't'aurais froid? lui demanda-t-il en riant et en faisant le geste de saisir un des doigts de la branche pour l'aider.

Elle n'osa lui avouer pourquoi c'était faire et, même, lui dit de s'en aller, bien qu'elle l'aurait voulu là, encore longtemps.

Le gars haussa un peu les épaules comme un qui se trouve tout bête d'avoir cru bien faire, mais il la laissa et s'éloigna, sifflant et glaçant encore plus le cœur de l'Odile, à nouveau toute seule.

Elle crut ça. Pourtant, elle ne l'était plus: le grand gars, loué par un châtelain pour foudroyer les arbres à la hache et en faire du charbon, fut, dès lors, ce silence qui froissait les feuilles pas loin d'elle. Si souvent qu'une fois l'Odile courut à ce bruit pour voir qui l'épiait et qu'il eut juste le temps de se jeter à quatre pattes sous un taillis.

Et vint qu'elle sentit arriver le moment du feu. Si elle voulait partager ce voyage à deux, et ne pas laisser le petit ici alors qu'elle se trouverait là-bas, il fallait le faire maintenant.

Elle choisit donc l'endroit du bûcher: une clairière sans toit de feuillage qui risquerait de l'empêcher de monter droit là-haut, et elle tressa avec soin branches et brindilles.

Ayant façonné une sorte de nacelle, elle s'y blottit, gentiment assise; puis, tirant de son tablier un briquet de cuivre à langue d'amadou, elle le battit, sourire plissé aux lèvres, heureuse d'emporter tout de même quelque chose à ce brutal Bec-en-Broc qui chercherait encore longtemps son allume-tabac.

Le feu se tordit et s'étala, mordant à douleurs l'Odile saisie à la gorge par une âcre fumée. Et ce furent, rapides, d'autres tourments hargneux qu'elle n'aurait jamais imaginés. Elle hurla et roula hors du bûcher, si vivement que son ventre frappa le sol et sembla se déchirer pendant qu'une plus ardente soufflée l'étouffait à noir.

Lorsque, longtemps après, l'Odile leva ses paupières, elle distingua le grand gars des bois... Il se tenait penché sur elle qui frissonnait dans un lit, les chairs meurtries... Ses yeux d'homme confiant souriaient... sa bouche disait des mots neufs et ses larges mains lui tendaient un bol de lait avec, sûrement, trois sucres dedans... Posée à côté d'elle, une caisse bougeait et la vie y gémissait. Émerveillée, l'Odile sut ainsi que son âme était sauvée.

Deuxième partie

Fées, elfes, nains et gnomes

Dans le nord du département de la Manche[1], on bat le sarrasin sur le champ même où on le récolte, et ces batteries sont toujours des fêtes. On choisit un beau jour du mois d'octobre. On fait appel aux gens de bonne volonté et le clos est bientôt plein d'hommes, de femmes et d'enfants. Les jeunes garçons et les jeunes filles sont toujours en majorité. On aplatit un coin de terrain pour en faire une aire résistante; puis, en riant, en folâtrant, on va chercher les javelles qu'on a disposées en cônes ou *vieillottes* pour les faire sécher et on les jette sur l'aire. Les fléaux frappent en cadence. Les parfums de la plante à demi sèche, l'air vivifiant de l'automne, la gaieté naturelle à la jeunesse produisent leur effet. On crie, on chante, on se provoque, les enfants se roulent sur la paille rejetée et jouent à cache-cache dans l'intérieur, jusqu'au moment où on la leur enlève pour y mettre le feu. Comme cette paille

---

1. *Contes, récits et légendes des pays de France.*

rougeâtre est encore humide, la fumée est assez épaisse, mais elle se dissipe dans l'air. On s'en amuse, du reste, et l'on danse alentour.

Quand on est fatigué du travail, on s'assied sur la paille parfumée. On vous apporte alors une galette de froment bien blanche qu'on vient de retirer du four et qui fume encore. On y fait entrer du beurre frais, qui fond à mesure ; on fait circuler les gobelets pleins de cidre appétissant, et les gais propos, les histoires de circuler aussi.

Un jour que je me trouvais à une fête de ce genre, je m'amusai à toutes les conversations.

— Comme elle est blanche, votre galette, Marie-Jeanne ! On dirait de la galette de fée.

— C'est moi qui l'ai faite et je vous assure que les fées n'y sont pour rien.

— Est-ce que vous en avez mangé, vous, de la galette de fée ? demanda une jeune fille à la vieille qui avait parlé la première.

— Pas moi ; mais j'ai entendu dire à ma grand-mère qu'elle avait connu une femme qui en avait mangé.

— Et comment les fées avaient-elles donné la galette ?

— On ne parle plus des fées aujourd'hui, continua la veille, sans répondre à la question, mais on en parlait beaucoup dans ma jeunesse. On dit qu'il n'y en a plus depuis que les prêtres ont eu l'idée de se signer avec la couverture du calice.

— On les voyait ?

— On ne les voyait pas souvent, mais on les entendait chanter et causer entre elles. On les voyait aussi, mais généralement de loin, laver leur linge dans le ruisseau de la vallée du Hubilan, seulement c'était la nuit au clair de lune.

— Et le jour, qu'est-ce qu'elles devenaient?

— Je n'en sais rien; mais il y a sous les falaises des houles qu'on appelle les trous des fées et sur les falaises des endroits qu'on appelle les jardins des fées.

— Mais les grottes des fées sont bien petites pour loger une famille et dans les jardins des fées il n'y a jamais rien.

Les fées étaient en effet toutes petites, à ce que l'on disait, et il y avait parmi elles des hommes et des femmes. On ne voyait pas leur travail, elles travaillaient pourtant. Elles venaient parfois la nuit frapper aux portes. Elles ne *prêchaient* pas le patois comme nous, elles parlaient français comme à la ville. On les entendait crier:

Prêtez-nous vos timons,

Vos limons,

Vos charrues comme il (sic) iront.

Il fallait répondre: «Oui, prenez»; autrement elles auraient trouvé moyen de vous faire du mal.

Quand on avait dit oui, elles allaient prendre la charrue à la charretterie et les chevaux à l'écurie, et elles labouraient leurs champs avec. Parfois aussi, elles se servaient des chevaux pour faire des courses. Alors, comme les fées sont des êtres très petits, elles montaient sur le cou et non sur la selle des chevaux et se faisaient des étriers de leurs crins, qu'on trouvait singulièrement emmêlés.

«Cela arrive encore», dit un jeune garçon.

Quelquefois, en entrant dans l'écurie le matin on voyait les chevaux harassés, mais tout était parfaitement en ordre. Les fées étaient très soigneuses, et si l'objet qu'on leur prêtait était quelque peu gâté, on le retrouvait en bon état.

On les entendait aussi parfois dans le jour. Une de mes arrière-tantes entendit une fois une fée qui invitait ses compagnes à une fête: «Madame à longues oreilles, Madame à longues mamelles, venez-t-à mes noces.»

Il faut vous dire quelques-unes avaient les seins tellement longs, qu'elles les rejetaient par-dessus leurs épaules pour donner à téter à leurs petits, qu'elles portaient sur le dos.

— Et la galette des fées, vous n'en parlez pas?

— Attendez. Il y avait un jour d'été des gens qui glanaient du lin. C'était une belle journée, les alouettes chantaient, les mériennes dansaient. À un moment où tout le monde se taisait, on entendit une voix de femme qui criait:

— Le four est chaud.

— Aurons-nous de la galette? demanda une femme en riant.

On ne répondit pas, et elle eut peur d'avoir eu la langue trop longue. On continua à glaner le lin en silence. Quand vint le moment de se reposer, on s'assit à l'ombre d'un grand chêne et l'on alla chercher dans la haie, le pain, le beurre, le cidre qu'on avait mis au frais dans la fougère. À côté des provisions déposées, on trouva une belle serviette blanche, et dans la serviette une belle galette de pain blanc, toute chaude, du beurre bien frais, sans sel, dans un petit pot, et un couteau pour couper la galette. C'était la fée à qui on avait demandé de la galette qui avait apporté tout cela. On se partagea le présent de la fée, on mit du beurre dedans et on se régala bel et bien. Puis, quand tout fut mangé, on remit soigneusement le pot et le couteau dans la serviette, on reporta le tout dans la fougère, à l'endroit où on l'avait trouvé. Un moment après on retourna voir; il n'y avait plus rien.

— Et elle était bonne, la galette?

— Excellente.

Celle qui racontait cela disait qu'elle n'en avait jamais mangé de meilleure.

— C'est égal. Je sais bien qui n'en aurait pas mangé, dit une jeune fille.

— On assure pourtant que les fées étaient méchantes, dit une voix.

Méchantes, non; mais quand elles avaient demandé des choses raisonnables, si par mauvaise volonté on ne voulait pas les leur accorder, elles punissaient parfois ces gens peu obligeants. Il y a au pied de la falaise une fontaine qu'on appelle la Fontaine aux Fées. Un méchant garçon s'amusa un jour à y porter des ordures, si bien que l'eau était trouble et puante. Puis il se cacha pour voir ce que diraient les fées.

Une fée arriva bientôt, et voyant l'eau infectée, elle poussa un cri de colère. D'autres fées accoururent, probablement, car il ne vit rien; mais il entendit une voix fine qui disait:

– À celui qui a troublé notre eau, que souhaitez-vous, ma sœur?

– Qu'il devienne bègue et ne puisse articuler un mot.

– Et vous, ma sœur?

– Qu'il marche toujours la bouche ouverte et gobe les mouches au passage.

– Et vous, ma sœur?

– Qu'il ne puisse faire un pas sans... respect de vous... sans tirer un coup de canon.

Les trois souhaits s'accomplirent, et voilà un garçon qui bégaie, tient toujours sa bouche ouverte et, quand il court, fait entendre un feu de file.

Il alla bien vite retirer les ordures; il arrangea joliment la fontaine et demanda pardon aux fées. Les fées lui pardonnèrent, pas tout de suite, pourtant. Peut-on dire que c'est de la méchanceté, cela?

– On dit qu'elles changeaient quelquefois les enfants au berceau?

– Cela arrivait, mais c'était la faute des mères. Les fées n'avaient de pouvoirs sur l'enfant que si la mère avait oublié de le signer dans son berceau, avant de le quitter. Dans ce cas, les fées prenaient quelquefois l'enfant qui était dans le ber et mettaient un des leurs à la place.

— Est-ce qu'elles avaient soin de l'enfant enlevé?

— Je n'en sais rien, je le suppose. Mais on reconnaissait que l'enfant était un petit fêtet en ce qu'il mangeait beaucoup et ne grandissait pas.

Un femme avait élevé ainsi un petit fêtet. Les années se passaient et il était toujours petit. On pensait que ce pouvait bien être un fils de fée et qu'il était plus vieux qu'il n'en avait l'air. Pour l'éprouver, on alla ramasser une brassée de coquilles de *flies* (mollusque univalve comestible); on les remplit d'eau et on les rangea autour du feu; l'eau ne tarda pas à bouillir. L'enfant regardait tout ce manège. À la fin il s'écria: «J'ai vu sept fois brûler la forêt d'Ardennes, mais jamais je n'avais vu tant de petits pots bouillir.»

Il n'y avait plus à s'y tromper. L'enfant était vieux, très vieux, c'était un fêtet.

— Une drôle d'éprouvette!

— J'en conviens; mais je n'invente pas, je répète ce qu'on m'a dit.

— Et la mère, retrouva-t-elle son enfant?

— Il paraît que oui; mais je n'ai jamais entendu la fin de l'histoire. On prétend que cela portait bonheur d'élever un fêtet dans une maison. Enfin, il n'y a plus de fées, c'est dommage.

— Pourquoi dommage?

— Parce qu'elles ne faisaient de mal qu'à ceux qui le voulaient bien et qu'elles rendaient souvent des services.

Une pauvre femme se désolait un jour de voir son fils mourant. Tout à coup la pierre du foyer se soulève, une main met une petite bouteille sur l'âtre.

— Faites-lui boire cela, dit une voix.

— La femme obéit?

— Elle obéit et s'en trouva bien. Huit jours après, son fils était sauvé.

— Bonnes gens, si nous achevions notre besogne, dit le propriétaire du sarrasin.

Tout le monde se leva, au grand désappointement des enfants que ces histoires intéressaient. On but encore une tournée de cidre et l'on se remit à l'ouvrage.

Citoyens du Petit Peuple

Ils sont nombreux, les citoyens du Petit Peuple. On entend parler d'eux, mais on ne les rencontre que dans les livres. On a besoin d'y croire. Pourtant, on aimerait qu'ils existent pour réveiller la parcelle d'enfance qui sommeille en chacun de nous. Mais tout adultes que nous sommes, il nous est interdit d'y croire de peur de nous noyer dans ce monde imaginaire dont on ne peut revenir. De rester prisonniers des habitants du Petit Peuple.

Les citoyens du Petit Peuple, ce sont les fées, les elfes ainsi que les nains et les gnomes. Aujourd'hui, où la vie va si vite, où on n'a plus le temps d'écouter le bruissement des feuilles dans les arbres, de s'émerveiller du passage des lucioles ou même d'entendre notre petite voix intérieure, les habitants du territoire magique, s'ils s'aventurent dans un coin de notre tête, nous apportent une odeur de printemps, une petite brise qui vient souffler nos inquiétudes.

En parlant de ceux qu'on appelle aussi nos Bons Voisins, chaque peuple a sa version des faits, ses légendes à raconter aux plus petits, aux plus crédules. Les histoires se transmettent de génération en génération, toujours aussi belles, toujours plus magiques. Les enfants les écoutent ouvrant grand les oreilles et écarquillant les yeux ; les adultes demeurent fascinés par cet univers qu'ils ont perdu et ne retrouvent que dans le regard des tout-petits.

Bons Voisins : fées et elfes

En France, fées, elfes et nains sont divisés en trois catégories bien distinctes alors que dans les pays anglo-saxons, tout ce beau monde est réuni sous l'appellation de «fairies», habitants du «fairyland». En Angleterre, on retrouve 180 noms pour désigner les différents citoyens du pays magique. C'est d'ailleurs dans des pays où la culture celtique a été très présente qu'on retrouve le plus de légendes portant sur les fées et autres gens de la Bienveillante Famille.

Édouard Brasey établit une nette distinction entre ces personnages. Cette distinction convient bien à ceux qui ont peur de s'égarer au pays magique, de perdre le nord dans cet univers fantastique. Mais, même compartimentés, nos Bons Voisins continueront toujours de n'en faire qu'à leur tête et les conteurs poursuivront leurs récits teintés des couleurs locales et imprégnés de leur état d'âme du moment.

Car, sans ces légendes, dont on se dispute l'origine, ces récits aux multiples versions, les gens de la Petite Noblesse perdraient une part de leur merveilleux.

Voisins et amis, les fées et les elfes se côtoient, se complètent. Les fées sont des femmes, alors que les elfes sont de sexe masculin, quoique certains auteurs affirment qu'il y a des elfes de sexe féminin. Elfes et fées ne craignent ni la maladie ni la mort; dotés d'une éternelle jeunesse, ils ne vieillissent pas et les fées, celles des contes merveilleux, sont touchées par la grâce et la beauté. Sur la beauté des fées, les auteurs sont intarissables: sveltes et aériennes, toujours souriantes, les fées peuvent faire damner un mortel, voire un saint. D'ailleurs, plusieurs légendes racontent ces histoires d'amour malheureuses où un pauvre jeune homme s'éprend d'une fée, passion dont il ne se remettra jamais. Toutefois, dans certains contes, par exemple, *La Belle au bois dormant* de Charles Perrault, on rencontre une vieille fée acariâtre, la fée Carabosse. Cependant, au pays des contes de fées, si ces vieilles dames s'immiscent parfois entre les pages des livres, elles constituent une exception, car, par nature, les fées sont toujours rayonnantes de jeunesse et de beauté. Mais, dans certaines légendes, il en va tout autrement et toutes les fées ne sont pas bienveillantes.

Quant aux elfes, les dieux ne les ont pas gâtés, ils ne sont pas tous des plus attirants: oreilles pointues, pieds palmés ou carrément retournés vers l'arrière, yeux qui louchent. Ils n'en remportent pas moins un certain succès auprès de la gent féminine. Toutefois, les histoires d'amour entre elfes et mortelles ne défraient pas la chronique comme le font celles qui naissent entre les fées et les humains.

La naissance de nos Bons Voisins: une énigme

Sur l'origine des fées et des elfes, il y a autant de légendes que de pays. Parfois, dans un même pays, les récits diffèrent d'une région à une autre. Ces histoires, loin d'éclaircir le mystère qui entoure l'existence des citoyens du Petit Peuple, nous plongent dans un univers fabuleux qui ajoute à notre fascination. Tout devient alors un peu confus et c'est à chacun de choisir la réponse qui lui convient le mieux pour éclaircir cette énigme qui, cependant, demeurera toujours un mystère.

Les fées s'apparentent aux Parques romaines de l'Antiquité qui veillaient sur la destinée des hommes, les Tria Fata. Chez les Grecs, les Moires avaient une certaine parenté avec les Parques. Une première filait le fil de la vie, alors qu'une deuxième le dévidait. Enfin, une troisième venait trancher le fil, mettant ainsi fin à la vie de l'homme. De là l'expression «fileuses de destin». D'ailleurs, quand on regarde l'étymologie du mot fée, on découvre qu'il vient du mot *fatum*, qui signifie «destin», et de *fata*, nom désignant les déesses de la destinée dans les inscriptions latines. Nous verrons plus tard quelle est la part des fées dans la destinée des hommes.

Hésiode, poète grec du VIIIe siècle avant Jésus-Christ, apporte, quant à lui, une explication à l'origine des gens de la Petite Noblesse: «[...] la Terre et le Ciel s'unirent à l'origine pour donner naissance à l'univers et aux dieux vivant dans chacun des quatre éléments: l'air, le feu, l'eau et la terre. Les quatre éléments formaient donc la demeure première des dieux. Les plus puissants d'entre eux montèrent ensuite au ciel, tandis que les divinités secondaires, c'est-à-dire les fées et les élémentaux, continuèrent à vivre dans les éléments[1].»

En voyageant dans des pays plus nordiques, par exemple l'Islande, l'Irlande et le Danemark, on trouve un nouvel éclairage sur l'origine de ces personnages fabuleux.

«L'Edda, ancien recueil de mythologies nordiques, fait remonter l'origine des fées et des elfes aux mythes de la création du monde. Ces textes rapportent que les dieux – les Ases – construisirent Asgard, le monde divin, dans lequel la merveilleuse demeure d'Alfheim fut consacrée aux elfes[2].»

En Islande, une légende chrétienne veut que les fées et les elfes soient les enfants d'Adam et Ève. Un jour que Dieu annonça sa visite à ce couple célèbre, Ève voulut préparer ses enfants à le recevoir: faire leur toilette et les vêtir convenablement. Mais à l'arrivée de l'illustre visiteur, seule une moitié des enfants étaient présentables, les autres n'étant ni débarbouillés ni vêtus. Ève leur dit alors d'aller se cacher afin d'éviter de paraître ainsi devant le Créateur. Dieu, déçu, dit à Ève que ces enfants cachés le demeurent à jamais. Ainsi sont nés les fées et les elfes, enfants cachés d'Adam et Ève qui demeurent à jamais invisibles aux yeux des hommes.

Une seconde légende, celle-ci venant de Scandinavie, est tout aussi savoureuse que la dernière. Selon ce récit, les habitants du Petit Peuple seraient des anges déchus. Ils suivaient Satan vers l'enfer quand, tout à coup, Dieu apparut et leva la main. Tous s'arrêtèrent là où ils étaient, chacun

---

1. Édouard Brasey, *Fées et elfes*.
2. Édouard Brasey, *Fées et elfes*.

restant à sa place. Certains demeurèrent alors suspendus dans l'air, d'autres restèrent dans l'eau, tandis que plusieurs se retrouvèrent dans les champs et les bois. Quant à ceux qui suivaient Satan de plus près, vers les ténèbres et le fond de la terre, ils devinrent des gnomes et vécurent à jamais dans les sombres cavernes où ils exercèrent la fonction de mineurs.

Enfin, on dit que les habitants du pays magique seraient des morts qui ne seraient pas assez bons pour monter au paradis, mais pas assez mauvais pour descendre en enfer. Ils sont donc entre les deux, dans une espèce de purgatoire. Cette hypothèse peut avoir une certaine ressemblance avec la théorie du troisième royaume avancée par Hésiode et qui prétend que les élémentaux sont en marge du royaume des anges et de celui des humains.

Si notre connaissance de l'origine des fées, des elfes et des nains demeure aujourd'hui encore nébuleuse, celle des membres du clergé était plus que complète, ils ne laissaient aucune place au doute. Ces personnages, vestiges des anciennes croyances celtiques, étaient décriés par l'Église. En effet, comme ce fut le cas pour les sorcières, les Inquisiteurs accusèrent rapidement ces êtres magiques de commerce avec le Malin. Toutefois, n'ayant pas la possibilité de leur intenter des procès et de les faire monter sur le bûcher, les fervents défenseurs du christianisme firent en sorte de leur attribuer une image sombre et diabolique afin d'effrayer les paysans et d'effacer à jamais ces petites personnes de leurs croyances. Ainsi, au Moyen Âge, les paysans, à la fois attirés par ces êtres magiques et apeurés par leurs pouvoirs, qu'on disait maléfiques, évitaient les lieux qu'on considérait comme les refuges des gens de la Petite Noblesse et faisaient silence sur leurs croyances toujours vivantes.

Dans son livre intitulé *Sorcières*, Candace Savage raconte qu'entre 1547 et 1701, en Sicile, soixante-sept femmes qui rêvaient des fées furent jugées par le tribunal de l'Église. Ces malheureuses avaient eu la naïveté de confesser qu'elles croyaient aux fées.

De plus, les légendes chrétiennes sur l'origine de ces personnages merveilleux témoignent de cette vision du clergé. On parle d'eux comme d'enfants cachés d'Ève, d'anges déchus. Toutefois, le christianisme n'a pu écraser les citoyens du Petit Peuple qui demeurent encore bien vivants dans notre imaginaire et, qui sait, peut-être sont-ils encore présents autour de nous...

CHAPITRE 2

LES FÉES[1]

Répertoire féerique

Dans le répertoire féerique, puisqu'il en faut un pour ne pas s'égarer, on distingue différentes catégories de fées, chacune ayant un lieu de résidence et des activités qui lui sont propres.

Certaines fées, minuscules, ont l'apparence de fillettes de sept ans. Rieuses et espiègles, elles sont un peu comme de petits anges gardiens. Dans le roman *Les aventures de Peter Pan* de l'Écossais James Matthew Barrie, Tinn-Tamm peut s'apparenter à ces petites fées: «[...] il s'agissait d'une fée pas plus grande que la main et encore dans l'enfance. Elle s'appelait Tinn-Tamm et était vêtue d'une robe de feuilles ravissante, au large décolleté carré qui mettait en valeur sa silhouette légèrement encline à l'embonpoint[2].» Tinn-Tamm accompagne Peter Pan partout où il va et

---

1. *Contes, récits et légendes des pays de France.*
2. Paris, Hachette, 1970.

signale sa présence par un tintement de clochettes, langage de fées, selon l'auteur.

D'autres fées ont la taille et l'apparence de femmes, on les appelle parfois Bonnes Dames; elles se retrouvent surtout dans la littérature courtoise où les contes de Perrault occupent une large place. Ce sont d'ailleurs ces contes qui ont bercé l'enfance de plusieurs d'entre nous. Dans ces histoires merveilleuses, la Bonne Dame s'attache à un humain et lui assure sa protection. Toutefois, les fées, dans leur mission, ne sont pas uniquement présentes à la naissance des enfants, certaines d'entre elles se retrouvent aussi près du cercueil des vieillards.

Le troisième groupe de fées réunit de minuscules petites dames dont la taille ne dépasse pas un centimètre. Elles portent de petites ailes diaphanes semblables à celles des libellules et leur corps est translucide. Elles jouent un rôle très important dans la beauté et la santé des fleurs et des plantes.

Les fées des eaux forment un groupe à part; sirènes, nymphes, ondines, Dames du Lac et fées des fontaines hantent les mers, les lacs, les rivières et les fontaines, et séduisent les simples mortels qui les croisent.

Enfin, la rencontre de certaines fées peut s'avérer fatale pour le mortel naïf qui ignore les légendes et traditions.

Bonnes Dames

Les Bonnes Dames, comme nous l'avons dit, veillent à protéger les humains. Elles assistent au baptême d'un enfant, généralement l'enfant d'un roi, ou tout au moins, d'une noble famille, et le parent de dons merveilleux, s'attachant à ses pas tout au long de son existence qui sera, s'il n'en tient qu'à la fée, fabuleuse. C'est pourquoi on les appelle marraines-fées. Toutefois, si la fée offre grâce et bonheur à son filleul, elle n'est pas naïve. Les fées sont sévères et intransigeantes, elles ont tout loisir de reprendre leurs bienfaits, car leurs dons sont conditionnels à la loyauté et à la bonne conduite de leurs protégés. En effet, la Bonne Dame ne dispense ses dons qu'aux âmes méritantes; malheur à celui qui trompe sa confiance, tous les présents de la fée lui seront retirés et il lui faudra regagner le cœur de sa marraine s'il veut poursuivre son chemin dans l'allégresse.

Dans *Cendrillon*, de Charles Perrault, la marraine-fée permet à Cendrillon, pauvre souillon, d'assister au bal donné par le prince. Elle la revêt d'habits magnifiques, lui fournit un carrosse doré tiré par deux beaux chevaux conduits par d'élégants laquais. Mais ce don de la fée ne va pas sans condition: Cendrillon doit être de retour à la maison sitôt que sonnera le douzième coup de minuit. À cette heure, elle redeviendra la pauvresse vêtue de haillons, son carrosse se transformera en citrouille et adieu beaux chevaux et élégants laquais. Cendrillon est une jeune fille sage, habituée à l'obéissance et, à l'heure prescrite par sa marraine-fée, elle s'enfuit précipitamment du bal, laissant pantois le prince qu'elle avait séduit. Elle sera récompensée pour sa sagesse, la pantoufle de vair perdue au retour du bal permettra au beau prince de la retrouver. Cendrillon pourra alors sortir de sa triste condition. De plus, cette héroïne, toute de beauté et de bonté, accueillera dans sa nouvelle résidence, la château du prince, son horrible belle-mère et ses laiderons de filles qui, pourtant, l'avaient tant malmenée. Comme quoi la bonté des fées se transmet aux élus de leurs cœurs.

Dans le roman *Les aventures de Pinocchio – Histoire d'une marionnette*, de l'Italien Carlo Collodi, le héros,

Pinocchio, un petit pantin de bois, a pour vœu de devenir un véritable petit garçon. Mais pour réaliser son souhait, il devra se comporter plus sagement, non comme un pantin étourdi toujours prêt à s'acoquiner avec les voyous du village pour participer à leurs mauvais coups. Ainsi, la fée lui permettra de réaliser son rêve quand il sera devenu sage, et pas avant. Il faudra longtemps à Pinocchio avant de comprendre la morale de l'histoire. Toutefois, quand il se montrera raisonnable, le pantin de bois indiscipliné se métamorphosera en sage petit garçon. Les marraines-fées ont un sens moral à toute épreuve, elles ne dérogent jamais de leurs principes. Que les héros se le tiennent pour dit!

Au pays des contes, on rencontre aussi de mauvaises fées, Margotine et Carabosse en sont des exemples. Peu avantagées par la nature, elles ressemblent à des sorcières, caractère diabolique en moins. Ce sont des fées frustrées et malheureuses qui, au lieu d'apporter au héros grâce et félicité, s'emploient à lui empoisonner la vie dès le jour de son baptême. Dans le conte *La Belle au bois dormant*, de Charles Perrault, une vieille fée revêche qu'on avait omis d'inviter aux festivités entourant la naissance de la princesse se venge et lui jette un mauvais sort: la princesse ne vivra pas plus de quinze ans. Une bonne fée vient cependant alléger cette peine: l'héroïne, si elle se pique malencontreusement au fuseau d'un rouet, sera plongée dans un profond sommeil dont seul le baiser d'un prince pourra l'éveiller. Ce qui, bien évidemment, arrivera.

De même, dans le *Serpentin vert*, de madame D'Aulnoy, la fée Margotine qui, comme la fée Carabosse, n'avait pas été invitée au baptême de la princesse Hildessa lui jette un mauvais sort. Celle à qui l'avenir réservait beauté et bonheur, comme c'est le lot de toutes les princesses, deviendra la créature la plus laide du monde grâce aux bons soins de la méchante fée. Hildessa sera cependant sauvée et redeviendra une belle jeune fille après avoir traversé de nombreuses épreuves. C'est son amour pour un hideux serpent, victime lui aussi de l'enchantement de Margotine, qui la sauvera et les unira tous deux dans la félicité.

Heureusement, dans les contes, ces fées frustrées ne sont pas légion et le mal ne triomphe jamais du bien, pour le plus grand plaisir du lecteur. Toutefois, faute de sorcières, on a besoin d'elles pour nous rappeler que, même au pays magique, la vie n'est pas toujours facile.

Il est aussi intéressant de remarquer que les Bonnes Dames s'attachent toujours à des gens de noblesse et sauvent rarement les âmes méritantes du petit peuple. La loi du plus fort et du mieux nanti s'applique ici comme dans la vraie vie.

Résidentes de nos jardins

On dit que chaque fleur a une fée qui lui est attitrée, qui veille à sa santé et à sa beauté. Ces petites fées, gardiennes des fleurs, les parfument et les parent de leurs plus belles couleurs. Elles sont si proches des fleurs qu'elles protègent qu'elles leur ressemblent, en prennent l'apparence. «La fée du rosier est gracieuse et fragile, auréolée d'une douce lumière. La fée de la ciguë, en revanche, ressemble à un squelette, rappelant ainsi les propriétés toxiques de la plante. En Angleterre, la *pillywiggin* est une fée minuscule, de la taille d'une abeille, que l'on trouve près des fleurs sauvages poussant au pied des chênes[1].»

---

1. Édouard Brasey, *Fées et elfes*.

De toutes les fleurs et plantes placées sous la garde des fées, certaines ont droit à une surveillance particulière. Ces plantes, au nombre de sept, possèdent des vertus magiques, elles protègent les humains des attaques naturelles et surnaturelles provoquées par les sorcières qui rôdent. L'herbe de Saint-Jean, la véronique, la mauve, l'achillée, l'euphrasie et la brunelle possèdent ces pouvoirs. La verveine a, elle aussi, des vertus protectrices. D'ailleurs, on sait qu'au Moyen Âge les paysans suspendaient des plants de verveine pour se protéger des mauvais sorts. Toutefois, on prétend que c'est l'herbe de Saint-Jean qui est la plus puissante. Ce qu'il y a d'étrange, c'est que ces plantes protectrices se retrouvent aussi dans les grimoires des sorcières. Il faut dire que fées et sorcières s'y connaissent en végétaux et chacune les utilise pour atteindre ses fins, bonnes ou mauvaises.

Selon la région et les légendes qui y sont nées, certaines plantes ont une aura différente. Ainsi, en Irlande, on croit que les primevères permettent de découvrir les trésors cachés des fées. On éparpille aussi ces fleurs sur le seuil de la porte pour se protéger des mauvais esprits. Dans ce pays, les buissons d'aubépines sont considérés comme la résidence des fées.

Si, en général, nous, simples mortels, pouvons cueillir les fleurs, certaines sont la propriété exclusive des fées. Malheur à celui qui transgresse cette règle, il pourrait bien le regretter! C'est particulièrement le cas de l'ivraie et de la jacobée. De plus, en Angleterre, l'imprudent qui cueille des jacinthes des bois ou des tulipes de jardin se retrouve prisonnier des fées. On doit aussi éviter de cueillir des fleurs d'aubépine où logent parfois les elfes; il en va de même pour la digitale. Parmi les arbres, le hêtre, le tilleul où se perchent les elfes et l'aulne sont des arbres sacrés qu'on ne doit couper sous aucun prétexte.

Les petites fées des fleurs, mignonnes et aériennes, se montrent inflexibles quand on outrepasse nos droits, elles peuvent alors se révéler très méchantes. Les pilleurs de jardin doivent se tenir tranquilles s'ils veulent éviter leur courroux. En effet, comme les Bonnes Dames, les fées des fleurs ont des règles et exigent qu'on les respecte en échange de la beauté qu'elles répandent dans nos bois et jardins.

Messagères de la mort

Les fées veillent sur la destinée des hommes, de leur naissance à leur mort. Certaines cependant sont uniquement symboles de mort et leur apparition est signe d'une tragédie prochaine. Comme les Bonnes Dames, elles s'attachent à une famille noble; c'est, entre autres, le rôle des Banshies écossaises qui se lient à une grande famille et ne font leur apparition qu'accompagnées de l'odeur de la mort. «Parfois, la Banshie prend la forme d'une douce vierge chantante, morte jeune, à qui les pouvoirs invisibles ont donné la mission de devenir l'annonciatrice des deuils qui vont frapper ses descendants. Ou bien, on peut la voir sous la forme d'une femme enveloppée d'un suaire et tapie sous les arbres, en train de se lamenter derrière sa face voilée. On peut aussi l'apercevoir en train de voler au clair de lune, pleurant amèrement. Les pleurs de cet esprit sont les sons les plus lugubres que l'on peut entendre sur cette terre. Ils présagent à coup sûr la mort de l'un des membres de la famille lorsqu'on les écoute dans la nuit[1].» Ces fées ont un bien triste rôle, mais c'est dans l'ordre des choses. Quand

---

1. Édouard Brasey, *Fées et elfes*.

on pense aux Tria Fata romaines et aux Moires grecques qui présidaient à la naissance, à la vie et à la mort des hommes, on comprend leur importance dans le déroulement du destin des mortels.

Fées des eaux

Sirènes, nymphes, ondines et autres fées des eaux occupent une place importante dans les mythes et légendes; ces êtres magnifiques qu'on dit mi-femme, mi-poisson fascinent et séduisent. En effet, les fées ne sont pas uniquement des dames vivant sur la terre ou dans les airs; on les rencontre aussi dans la mer, dans l'eau des lacs et des rivières et même aux abords des fontaines. Ces filles des eaux ont, elles aussi, été à l'origine de légendes et ont causé la perte de plus d'un mortel. Combien de récits racontent la triste fin de navigateurs disparus au fond de la mer parce qu'ils ont répondu à l'appel d'une belle dame des eaux. Dans *L'Odyssée* d'Homère, Ulysse doit déployer toute sa force pour empêcher les membres de son équipage de répondre au chant envoûtant des sirènes.

Ces femmes qui habitent des palais sous-marins sont dotées de fabuleux pouvoirs. Tous ceux que l'eau fascine, qui sont attirés par le calme d'un lac, émus par le rugissement des vagues ou séduits par la musique d'une cascade savent quels êtres les habitent.

Dans l'Antiquité grecque, l'eau était le refuge préféré des nymphes. Les nymphes, à la différence des fées, ne sont pas immortelles; cependant, comme elles, elles ne vieillissent pas. D'une beauté comparable à celle des fées, ces femmes ont le pouvoir de la métamorphose et accordent leurs faveurs aux mortels de leur choix. Les nymphes portent différents noms et ont de multiples visages. Par exemple, la Fossegrim de Norvège est une ravissante petite naïade aux cheveux d'or, et sa taille est d'à peine 30 centimètres. En Russie, les naïades portent le nom de Roussalka et se retrouvent surtout dans les fleuves et dans la mer Noire.

Morgane est une fée célèbre, elle s'apparente à la mer. Elle symbolise l'océan Atlantique, qui, dans les légendes celtiques, abritait l'autre monde et le séjour des morts. Dans les romans bretons, c'est une fée de l'île de Sein, bienveillante et guérisseuse. C'est aussi le nom que prit la sœur du roi Arthur après que Merlin lui eut jeté un sort. Selon les versions, Morgane est une tentatrice maléfique, une sorcière, la séductrice de Lancelot, doublée d'une fée enchanteresse et frustrée qui désire désespérément capturer un mortel. L'enchanteresse des légendes arthuriennes trouve probablement son origine dans le personnage de Morgane, déesse celtique. De déesse, le christianisme en a fait une fée, on lui attribua de sombres pouvoirs magiques et son image devint négative.

Les ondines sont des fées d'eau douce qui vivent autour des rivières, des torrents et des chutes d'eau; elles sont cousines des nymphes de la mer. «L'eau dont elles sont issues représente pour les ondines le principal danger lorsqu'elles l'ont quittée, par amour d'un homme, afin de devenir des femmes à part entière. Elles-mêmes composées des plus subtiles composantes de l'eau, elles se dissolvent instantanément dans le miroir fatal de cet élément dans lequel elles retrouvent l'inconscience et l'inaccompli de leur état premier. C'est pourquoi de nombreux contes insistent sur cet interdit qui pèse sur les ondines "rachetées" par l'amour d'un mortel, ainsi que le rappelle Karl Grün: "On dit encore que celui qui a une Ondine pour femme doit éviter de la conduire sur l'eau et surtout de la fâcher quand elle se trouve sur cet élément. Si ces conditions ne sont pas remplies, l'Ondine retourne pour toujours dans les flots, *sans que le mariage soit dissous*. Si le mari abandonné se marie, l'Ondine le tue"[1].»

Lorelei est une autre dame des eaux qui fut célèbre par son chant. Une légende de Lorelei raconte: «Il s'agissait d'une femme merveilleusement belle, qui habitait dans la ville de Bacharach-sur-le-Rhin. Son plus grand plaisir était de s'asseoir sur un rocher près du rivage et de peigner sa chevelure d'or en contemplant le reflet de son visage dans l'eau et en chantant une chanson dont le refrain disait: Lorelei! Lorelei! Lorelei!

«Cette Lorelei était si belle que tous les hommes tombaient amoureux d'elle. Ils succombaient tous à ses charmes, et elle ne pouvait se résoudre à refuser leurs avances. Si bien qu'elle était une cause permanente de scandale dans la petite ville, d'autant plus que la plupart de ses amants, ne supportant pas qu'elle ne leur offre pas son amour exclusif, tombaient en langueur et parfois se suicidaient, par amour déçu.

«L'Église eut bientôt vent de cette situation, et l'évêque, persuadé que Lorelei était une créature du démon, instruisit son procès en sorcellerie. Il l'interrogea longuement, sur un ton sévère, mais la Lorelei répondait avec tant de franchise et d'innocence que l'austère évêque en fut touché jusqu'au fond du cœur, et laissa la liberté à la jolie sorcière. Cette dernière toutefois se mit à pleurer en disant:

---

1. Édouard Brasey, *Sirènes et ondines.*

– Je ne peux continuer à vivre ainsi. Ma beauté apporte le malheur à tous les hommes. Quant à moi, je n'ai jamais aimé qu'un seul être humain et c'est le seul qui m'ait abandonnée.

«L'évêque, saisi de pitié, proposa à la Lorelei de se rendre dans un couvent pour se dédier désormais à Dieu. Elle accepta, le cœur lourd, et se mit en route accompagnée de trois chevaliers qui lui servaient d'escorte. Parvenus au sommet d'une falaise qui surplombait le Rhin, elle leur dit:

– Laissez-moi contempler une dernière fois le Rhin, afin que je puisse m'en souvenir dans ma cellule.

«Elle escalada la roche et, de là-haut, elle vit un bateau qui voguait sur le Rhin. Elle s'écria alors:

– Regardez ce bateau! Le batelier qui est à son bord est l'homme que j'aime, l'amour de ma vie!

«Et, sur ces mots, elle se jeta dans le Rhin, sans qu'aucun des trois chevaliers ne puisse l'en empêcher.

«Depuis ce jour, chaque fois qu'il rentre au port, un batelier du Rhin croit voir assise sur un rocher, la Lorelei, transformée en sirène, qui pleure en peignant ses longs cheveux d'or.

«Et l'on entend dans le lointain l'écho d'une voix qui dit: Lorelei! Lorelei! Lorelei!

«Ce sont les voix des trois chevaliers qui ont assisté, impuissants, à la fin de Lorelei[1].»

---

1. Édouard Brasey, *Sirènes et ondines*.

Certains auteurs prétendent que Lorelei était venge-
resse et que pour se venger d'un mortel qui l'avait trahie,
elle attirait les marins par son chant et faisait se fracasser
leur barque contre les rochers.

Les nixes sont des nymphes des eaux mortes et stag-
nantes. Elles ont des yeux verts à la fois troubles et profonds, leur corsage, couleur vert de mer, est fait d'écailles,
elles ont une ceinture de serpent et l'ourlet de leur jupe est
toujours humide. Ce qui permet de les distinguer des autres
jeunes filles et d'éviter de tomber dans leurs pièges amoureux.

Dans les légendes allemandes, les nixes ont pour réputation de séduire les mortels qu'elles attirent au fond des
eaux sombres. Danseuses infatigables, celui qui s'engage
dans une danse avec elles court inévitablement vers la mort.

Les fontaines sont aussi considérées comme un des refuges préférés des nymphes, des ondines, des naïades et
des autres fées des eaux. Les Dames des fontaines, comme
on les appelle, ont la réputation de troubler l'esprit de ceux
à qui elles se montrent. Les Anciens recommandaient de
ne pas s'approcher des fontaines, des sources et autres
cours d'eau ou même de l'ombre des arbres au milieu du
jour, afin d'éviter une telle fascination.

On prétend que les Dames des fontaines ont le pouvoir de les faire apparaître. On dit aussi que les fontaines
naissent là où une fée a pleuré un amour déçu. En France,
beaucoup de légendes sont nées de ces fontaines, domaine
des fées. Autrefois, il y a très longtemps, on apportait des
offrandes aux fontaines des fées. La fontaine de Barenton,
dans la forêt de Brocéliande, compte parmi ces lieux légen-
daires. À cette même fontaine, une offrande permettait

d'entendre rire les fées. C'est aussi près de la fontaine de Barenton que Merlin rencontra la fée Viviane.

La Fontaine des fées, dans la forêt de Colombiers, a été le lieu de rencontre de la fée Mélusine et de son époux le comte Raymondin de Lusignan.

Les fontaines sont, bien sûr, la propriété de ces dames qui les habitent. Ainsi, si une fée a le pouvoir de faire naître une fontaine, elle peut aussi la faire tarir, elle est maîtresse du lieu. Les fontaines, tout comme les fleurs qui sont sous la tutelle des fées, doivent être respectées et les fées punissent sévèrement ceux qui les souillent. Car c'est au bord des fontaines qu'elles viennent faire leur toilette et brosser leurs longs cheveux.

Les lacs sont un autre lieu de retraite des fées. Tout au fond des lacs, les fées habitent des châteaux invisibles aux yeux humains. Voici l'histoire de la fée Viviane, celle qui porte le nom de Dame du lac dans la légende arthurienne :

C'est au bord de la fontaine de Barenton, au fond de la forêt enchantée de Brocéliande, que Merlin l'Enchanteur rencontra la fée Viviane. Séduit par sa grande beauté, il tomba immédiatement amoureux d'elle. Pour impressionner cette fée, Merlin lui fit une démonstration de ses fabuleux pouvoirs. Viviane, éblouie par tant de magie, lui demanda alors de lui apprendre autre chose afin de parfaire son éducation de fée. Alors, Merlin édifia à son intention un palais de cristal. Cependant, Viviane lui fit remarquer que tous pourraient la voir dans son palais. Merlin le plongea alors au fond d'un lac, et fit en sorte qu'il soit invisible. C'est dans ce palais que Viviane fit l'éducation de Lancelot qui porte d'ailleurs le nom de Lancelot du Lac. «La ravisseuse de Lancelot est présentée comme une Fée des eaux qui règne sur dix mille vierges richement parées. Son royaume est baigné par un printemps perpétuel. Son château imprenable est bâti sur une montagne de cristal. La mer et une muraille de diamants entourent ce paradis. Sur cette île de bonheur, personne ne connaît ni le chagrin ni l'ennui[1].»

Fées fatales

Les fées, nous l'avons dit, ne sont pas toutes aussi séduisantes que les Bonnes Dames et il en existe qui, loin d'apporter le bonheur, causent la mort de ceux qui osent les approcher ou même leur adresser la parole.

Les lavandières de nuit lavent leurs vêtements au bord des rivières pendant la nuit. On leur prête plusieurs méfaits. Dans le Roussillon, les lavandières étendaient leur linge blanc et tissé de fleurs odorantes pendant le jour. Si un mortel s'aventurait à y toucher, il était pétrifié sur-le-champ à moins que ses bras ne fussent brisés comme du verre.

Dans certaines régions, la vue d'une lavandière de nuit était présage de mort. En effet, certaines fées lavandières occupaient une fonction lugubre. «Les lavandières de la nuit figurent parmi les créatures les plus terrifiantes de l'imaginaire nocturne breton. Elles reviennent, dit-on, continuer leur besogne afin d'expier une faute commise de leur vivant, comme on lave une souillure à l'âme: mères infanticides, femmes n'ayant pas respecté le repos dominical, ou plus couramment femmes médisantes (tant allaient bon train les mauvaises langues autour du doué...).

---

1. Édouard Brasey, *Sirènes et ondines*.

«Malheur à celui qui en rencontrait la nuit: ces annonciatrices de la mort lui demandaient de l'aide pour essorer un drap, et celui-ci lui collait à la peau comme un linceul[1].»

Voici un conte, *Les lavandières de la nuit*[2], qui illustre ces propos.

L'histoire que je vais vous raconter est celle du herquelier (journalier) de Beauvais qui allait faire sa journée de travail à Tréhorenteuc. Il partit de bonne heure le matin, sifflant comme le jeune merle en traversant, dans la rosée, le Val sans Retour. Arrivé à Tréhorenteuc, il avait soif, il s'arrêta donc dans le premier bistrot pour boire une, deux ou peut-être trois bolées, puis dans le deuxième café il en but autant et partit faire sa journée. Ce jour-là, il travailla bien, il avait été gagé pour ramasser de la feuille, car à cette époque-là, les gens utilisaient les feuilles pour semer les pommes de terre. Il but pas mal aussi dans la journée, peut-être un peu trop. Malgré cela, le soir en partant, il s'arrêta encore dans les bistrots de Tréhorenteuc pour prendre deux ou trois bolées. Il fit tant et si bien, qu'autant vous dire qu'il était à moitié chaud d'ber' (ivre), mais cela tombait bien puisque le chemin qui mène au Val sans Retour est plein de virages: il les prenait tout seul. Arrivé au bord de l'étang, le soleil se couchait et Menou se dit:

«Je ferais mieux de rester ici pour dessaouler un peu, sinon il va m'arriver des ennuis!»

---

1. *Contes et légendes de Brocéliande.*
2. *Contes et légendes de Brocéliande.*

Il prit donc une grande brassée de fougères, la mit au pied d'un chêne et s'endormit...

Il dormit peut-être deux heures, peut-être plus et quand il se réveilla la lune était déjà haute dans le ciel et, surpris, il entendit comme des coups de battoir. Qui donc étaient ces femmes en train de laver leur linge à cette heure? S'approchant, il vit des femmes toutes blanches, des fées qui lavaient leurs draps. Il voulut s'approcher un peu plus, mais il buta dans une racine sur le chemin et s'étala de tout son long, faisant tant de bruit que les fées l'appelèrent:

— Menou, Menou! Au lieu de rester à nous observer là, viens donc nous aider à tordre les draps!

— Malheur à toi, Menou, lui dit une des fées, tu as tordu le drap du mauvais côté!

Aussitôt, les fées disparurent et il se retrouva seul, tout seul dans le Val sans Retour à minuit.

— Je rêve ou non, ce drap me colle à la peau, je ne peux plus m'en défaire. Je n'ai pas encore *déviaule* (dessaoulé), je ferai mieux de redormir un peu.

Il reprit sa brassée de fougères et se rendormit...

Un grincement d'essieu au milieu du Val sans Retour le réveilla peu après. Au milieu des landes...! Il se demandait s'il ne devenait pas fou, quand il vit la charrette arriver avec un cheval tout noir, conduit par un grand bonhomme dont le chapeau était tout aussi noir. L'homme s'avança vers lui en disant:

— Vous n'auriez pas vu Menou le herquelier de Beauvais, celui qui a tordu le drap avec les fées?

Menou était prêt à dire que c'était lui, mais à ce moment-là, la lune, sortie de derrière un nuage, éclaira le visage du grand bonhomme au chapeau noir, et il vit une tête de mort...

C'était l'Ankou avec sa charrette de la Mort qui venait le ramasser!

Le lendemain matin, les herqueliers de Beauvais, partis à leur journée de travail à Tréhorenteuc, trouvèrent Menou à moitié mort dans le milieu du Val sans Retour, ils l'amenèrent à l'hôpital de Ploërmel où il raconta son histoire. On tenta de le soigner, mais trois jours après, on enterrait Menou dans le cimetière de Tréhorenteuc.

Une loi pour les fées

Comme nous l'avons vu, les fées, dispensatrices de bonheur, protectrices de la nature et des eaux peuvent se montrer très intolérantes si on ne respecte pas leurs lois, d'ailleurs, bien légitimes. Toutefois, si, par moments, on a l'impression que les fées ont le pouvoir tant sur le destin des hommes que sur celui des plantes et du monde aquatique, elles sont, elles aussi, soumises à des lois qui peuvent leur être fatales.

Ainsi, au cours de l'année, les fées doivent abandonner leurs pouvoirs pendant quelques jours pour se métamorphoser en animal. Les animaux dont elles prennent l'apparence, la biche, le cerf ou l'oiseau, sont vulnérables, toujours exposés aux dangers: ils risquent de mourir sous les coups de feu des chasseurs ou d'être la proie de féroces prédateurs.

On dit aussi qu'une fois par année, à l'occasion d'une fête, les fées se rassemblent et racontent les actions qu'elles ont accomplies. Puis, elles sont jugées et récompensées ou punies en fonction des bonnes ou des mauvaises actions qu'elles ont commises. La punition consiste à leur faire perdre leurs pouvoirs magiques et à se transformer en animal pendant quelques jours. C'est la loi des fées.

De même, le pauvre mortel qui se fait prendre au piège de l'amour et attache ses pas à ceux d'une belle fée doit se soumettre à certaines règles qui sont parfois bien difficiles à respecter une vie durant. Ainsi, l'amoureux doit s'abstenir d'appeler la belle par son nom et même d'évoquer son existence devant une tierce personne. Certains mots ne doivent pas être prononcés et il ne doit pas faire allusion à certaines personnes en présence de la fée. Il ne peut, en aucune façon, lui rappeler ses origines, la battre ou la frapper avec un objet de fer.

Voici une légende celtique qui raconte les amours malheureuses d'un jeune homme avec une Dame du Lac. Tiré du livre de Jean Markale, *L'épopée celtique en Bretagne*, ce récit nous donne un bel exemple des règles à suivre quand on s'attache à une fée et de la punition qu'on encourt quand on en déroge.

À Blaensawdde, près de Llanddeusant, vit une pauvre fermière veuve avec son fils unique. La terre n'est pas très fertile, aussi la fermière envoie-t-elle son fils garder son troupeau sur les Montagnes Noires, non loin de là, au bord du petit lac appelé Llyn y Fan Fach (Lac du Petit Van). Un jour, le jeune homme qui arpente le rivage tout en surveillant ses bêtes aperçoit avec stupéfaction, sur la surface des eaux, une dame assise au milieu du lac, «une des plus belles créatures que des yeux mortels eussent jamais contemplée; ses cheveux flottaient gracieusement et retombaient en boucles sur ses épaules; elle se coiffait avec un peigne, tandis que la surface immaculée du lac tenait lieu de miroir et reflétait son image».

Un peu effrayé, mais saisi d'admiration et d'amour, le jeune homme tend à la merveilleuse apparition le pain d'orge et le fromage qui constitue son repas. La Dame du Lac le regarde, refuse gentiment son offre et comme il tente un geste vers elle, elle lui dit: «Trop dur et trop cuit est ton pain. Il n'est pas facile de me prendre.» Et elle disparaît sous les eaux. Le jeune homme revient donc à la maison, triste et préoccupé.

Le lendemain, de retour au lac, il néglige de surveiller son troupeau et attend avec impatience pour voir si l'apparition ne va pas se manifester encore. Les heures passent et rien ne vient. Vers le soir, il aperçoit quelques-unes de ses bêtes en position dangereuse sur le bord d'un ravin. Il veut se précipiter vers elles pour les sauver mais à ce moment, la gracieuse Dame du Lac apparaît à la surface des eaux. Ne s'occupant plus de ses bêtes, le jeune homme lui tend encore un pain en assurant la Dame de son attachement éternel et de son ardent amour. Elle refuse le pain et lui dit: «Mal cuit est ton pain, je ne veux pas t'avoir.» Et elle disparaît comme le jour précédent. «Mais les sourires qui jouaient sur ses traits comme elle s'évanouissait dans le lac, réveillèrent l'espoir dans le cœur du jeune homme de sorte qu'il renonça à se soucier des refus et que le souvenir des sourires le charma pendant qu'il rentrait chez lui.»

Sa mère, au courant de l'aventure, lui conseille de faire un pain un peu moins cuit mais bien levé pour qu'il soit moins dur. Ainsi fait le jeune homme qui se retrouve tôt le lendemain matin sur les bords du lac. Il attend toute la journée, dans l'anxiété la plus complète. La nuit tombe. «Le jeune homme lança un dernier et triste regard sur les eaux, quand à son grand étonnement, il aperçut plusieurs vaches marcher sur la surface du lac». Peu après, la Dame du Lac apparaît, plus belle que jamais. Cette fois elle consent à prendre le pain et aussi à devenir l'épouse du jeune homme à la seule condition «qu'ils vivraient ensemble jusqu'à ce qu'elle eût reçu trois coups de lui sans cause».

Le jeune homme accepte avec une joie débordante. La Dame du Lac plonge alors et disparaît. Son chagrin et son dépit sont tels qu'il songe à se jeter à l'eau lui-même, quand la Dame réapparaît avec un vieil homme de noble maintien et d'une stature extraordinaire et une autre femme tellement identique à elle que le jeune homme se demande laquelle est celle qu'il aime.

Le vieil homme vient lui dire que sa fille lui a raconté toute l'histoire et qu'il consent à cette union pourvu que le jeune homme puisse distinguer la vraie Dame du Lac parmi les deux qui se ressemblent traits pour traits. Le jeune homme observe donc les deux femmes, mais il n'y a rien à faire, elles sont absolument identiques, et il va sombrer dans le plus profond désespoir quand il s'aperçoit que l'une d'elles remue imperceptiblement le bout de son pied comme s'il s'agissait d'un signal. Il la désigne aussitôt.

Le père dit alors : « Tu as bien choisi. Sois pour elle un bon et fidèle mari. Je te donnerai en dot un grand troupeau de vaches, de chèvres, de moutons et de chevaux... Mais souviens-toi que si tu la frappes trois fois sans raison, elle reviendra vers moi et amènera avec elle tout le troupeau, le sien comme le tien. » Puis le vieil homme fait sortir un troupeau du lac : les bêtes sortent une par une et vont se rassembler sur la rive.

Ainsi, se marie le jeune homme avec la Dame du Lac. Ils forment un couple heureux et uni. Leurs richesses deviennent de plus en plus considérables. Ils s'en vont résider à Esgair Llaethdy, près de Myddfaï et ils ont trois beaux fils. Mais un jour, lors d'un baptême, le mari tapote l'épaule de sa femme, par plaisanterie, avec un gant. Celle-ci lui rappelle les conditions de son mariage et l'engage à être plus prudent à l'avenir.

Une autre fois, lors d'un banquet de noces, comme sa femme s'est mise à pleurer, le mari la frappe à l'épaule pour lui demander la raison de son chagrin et s'aperçoit trop tard de son geste. Des années passent, les fils deviennent grands. Or un jour que le mari et la femme s'étaient rendus à un enterrement, la femme se met à rire violemment, ce qui provoque l'indignation du mari qui la touche à l'épaule pour la faire taire.

Alors la femme regagne immédiatement Esgaird Llaethdy, rassemble tout son troupeau et tout le troupeau de son mari, en appelant chaque bête par son nom au cours d'une curieuse incantation poétique, et se dirige vers le lac du Van. La totalité du troupeau alla avec la Dame le long de la montagne de Myddfai jusqu'au lac d'où ils étaient venus, et là, ils disparurent sous les eaux, ne laissant aucune trace derrière eux sinon un long sillon bien marqué qui fut fait par la charrue que l'un des bœufs tirait derrière lui dans le lac.

On imagine le désespoir du mari qui perd à la fois sa femme et ses richesses et cela sans recours puisqu'il a rompu, par négligence, la clause unique de son mariage. Quant aux trois fils, mis au courant de la véritable personnalité de leur mère, ils viennent souvent rôder autour du Llyn y Fan, espérant un jour apercevoir la Dame du Lac. Or un jour, la mère leur apparaît et prenant à part son fils aîné Rhiwallawn et lui dit «que sa mission sur terre est d'être un bienfaiteur de l'espèce humaine... Et elle lui fournit un sac plein de prescriptions médicales et d'instructions concernant la préservation de la santé. Grâce à cela, lui et sa famille deviendraient les médecins les plus habiles du pays». Puis elle disparut[1].

Jours de fées, jours de fêtes

Si l'on souhaite voir les fées ou, du moins, tenter de les voir, certaines dates sont plus propices à cette rencontre. Le curieux doit cependant s'armer de patience et s'y prendre à plusieurs reprises avant d'entrevoir le bout d'une baguette magique, et ce, s'il a de la chance. Une légende ne dit-elle pas que les fées sont les enfants cachés d'Ève?

Les jours bénis où l'on risque de rencontrer les fées sont le 25 mars, jour de l'Annonciation, le 23 juin, veille de la Saint-Jean, le 30 juin, le 1er août et le jour d'Halloween,

---

1. Jean Markale, *L'épopée celtique en Bretagne.*

le 31 octobre. À ces dates, les fées font la fête, elles dansent et chantent toute la nuit.

On remarque que certaines de ces dates sont voisines de celles où les sorcières participent au sabbat. Le 23 juin est un jour de fées, alors que le 24 est consacré au sabbat des sorcières. De même, lors de l'Halloween, sorcières et fées tiennent leurs cérémonies respectives. Ce calendrier des fées et des sorcières démontre encore une fois leur lien de parenté.

Édouard Brasey ajoute des détails à ce calendrier et précise les jours de la semaine et même les heures du jour plus propices à la rencontre des fées. «Les nuits de la Pleine Lune, celles qui la précèdent et celles qui la suivent, sont très favorables aux manifestations des fées, ainsi que certains moments charnières de la journée: l'aube, le plein midi, le crépuscule. De même, les jours de la semaine n'ont pas tous la même importance pour les fées. Elles sont particulièrement puissantes le vendredi, qui est le dimanche des fées, car le dimanche, jour du Seigneur chez les chrétiens, est tabou pour les fées. Le mercredi est également un jour dangereux, presque autant que le vendredi. En revanche, dans les Highlands d'Écosse, on pense que le jeudi, on peut parler librement des fées sans qu'elles entendent ce que l'on dit à leur sujet[1].»

Bébés fées

Tout comme les mortelles, les fées ont des enfants. Ces bébés, souvent issus d'une relation avec un elfe, sont très laids, chétifs et présentent certaines difformités. Les fées et

---

1. Édouard Brasey, *Fées et elfes.*

les elfes, insatisfaits de leurs rejetons, échangent leurs nourrissons, qu'on appelle changelins, contre ceux plus attrayants des humains. Ce sont généralement les elfes qui ont pour mandat d'accomplir cette sale besogne. Mais nous verrons que les korrigans sont aussi coupables de ces enlèvements.

Ils privilégient les nouveau-nés non baptisés parce qu'ils n'ont pas encore de nom les rattachant au monde des humains. Au Moyen Âge, les pauvres parents, apeurés par cette pratique, surveillaient leur nourrisson jusqu'au jour de son baptême et utilisaient toute une série de moyens de défense afin d'éviter ce rapt. Les mères suspendaient une paire de ciseaux ouverts à la tête du berceau, disposaient les chaussures du père en travers du lit ou suspendaient des tresses d'ail ou des branches de sorbier dans la chambre. Comme les fées préféraient enlever les garçons plutôt que les filles, les mères déguisaient leurs petits hommes en fillettes. Toutefois, toutes ces stratégies s'avéraient souvent inutiles et au réveil, la mère trouvait dans la couchette un enfant laid et maigrichon qui ne ressemblait en rien à sa progéniture, à moins que la fée n'ait pris soin de donner l'apparence du bébé à son changelin. Mais les parents ne tardaient pas à découvrir le subterfuge puisque le bébé-fée se métamorphosait rapidement: de beau nourrisson plein de santé, il devenait un petit être malingre et hideux. On raconte que pour vérifier s'il s'agissait bien de leur enfant, les parents employaient différentes méthodes toutes aussi radicales les unes que les autres. Par exemple, ils battaient le nourrisson jusqu'au sang ou l'abandonnaient une journée entière dans la neige. Le changelin, ainsi malmené, s'enfuyait en poussant un grand cri et disparaissait dans les airs. Par contre, s'il s'agissait réellement de leur enfant, les parents risquaient fort de le perdre à la suite de tels traitements.

Des moyens moins cruels étaient aussi utilisés par certains parents. Il suffisait de surprendre le changelin qui, aussitôt, se mettait à parler et divulguait son âge avant de disparaître. Dans l'histoire *Les fées*, présentée au début de cette partie (voir à la page 67), la mère fait bouillir des *flies*, le changelin ou *fêtet* s'étonne de ce comportement et dévoile son grand âge, ce qui signifie qu'il s'agit bien d'un enfant de fée.

Quand une fée avait enlevé un enfant, elle l'emmenait avec elle au royaume des fées et lui donnait une éducation d'enfant-fée. Cette éducation durait sept ans ou un multiple de sept, après quoi l'enfant avait la possibilité de revenir dans le monde humain. Cependant, pour effectuer ce retour, il devait respecter une condition : ne pas toucher à la nourriture des fées. S'il y touchait, il devait rester avec elles sept années supplémentaires. Ainsi, certains parents laissaient sur la table de petits repas pour que leur enfant vienne se nourrir et ne touche pas à la nourriture des fées pendant les années que durait son séjour dans leur royaume. L'enfant qui revenait d'un long séjour au pays féerique n'était plus le même ; il avait développé des dons et des connaissances extraordinaires, mais la vie terrestre n'avait pour lui aucune saveur. «Ces êtres toutefois n'étaient jamais heureux, car ils demeuraient à la frontière entre les deux mondes, celui des hommes et celui des fées, entre lesquels ils étaient incapables de trancher. Une immense nostalgie les habitait pour toujours, et s'ils répandaient le bonheur autour d'eux, ils n'avaient ni famille, ni amour, ni amis, et demeuraient solitaires jusqu'à la fin de leurs jours[1].»

On prétend aussi que les fées enlevaient des femmes pour servir de nourrice à leurs enfants. La femme, ravie par

---

1. Édouard Brasey, *Fées et elfes.*

les fées, était transportée au pays magique pour donner son lait aux enfants-fées. Après avoir occupé cette fonction, les femmes mouraient ou étaient ramenées dans leur foyer.

On voit que les fées ne sont pas toujours bonnes et conciliantes; dans certaines situations, le sort des humains leur importe peu et elles ne se gênent nullement pour tirer profit de leurs pouvoirs. Le christianisme voyait en les fées et autres êtres magiques des alliés du démon. On se demande si toutes ces légendes ne sont pas le fruit de l'imagination des chrétiens qui voulaient diaboliser les fées et en faire des êtres cruels et méchants.

Fées célèbres

Plusieurs fées, outre Morgane, Viviane et Lorelei, ont marqué l'histoire du pays magique et leurs légendes se sont transmises de génération en génération. Elles font partie du grand livre de l'épopée des fées. Chaque pays, chaque conteur raconte ces légendes, les modifie, les retransmet en changeant un détail, en ajoutant un autre et en enjolivant certains. Mais quels que soient la version qu'on nous raconte ou le pays du conteur, le fond demeure le même et la magie opère.

Mélusine est née en Allemagne autour de 1400. Cependant, c'est en France, dans le Poitou, que se joua son terrible destin. Celle qu'on appelle Mère Lusigne en Allemagne perdait, comme toutes les fées, son apparence humaine à certains jours. Ainsi, le samedi, elle devenait femme-serpent.

Mélusine connut son amoureux, un mortel, le jeune comte Raymondin de Lusignan aux abords de la Fontaine des fées, dans la désormais célèbre forêt de Colombiers. On dit que Raymondin, entendant son chant, tomba immédiatement amoureux d'elle. Mélusine fut, elle aussi, séduite par le jeune comte, et ils décidèrent d'unir leurs destinées. Ils vécurent heureux pendant plusieurs années et eurent huit enfants, tous affligés de terribles défauts, comme le sont souvent les enfants nés de l'union d'une fée et d'un mortel: l'un avait une oreille trop grande, l'autre un œil qui louchait, le troisième avait une dent en trop... Tous gentilshommes, ils étaient cependant voués à un avenir prometteur et leurs disgrâces ne les empêchèrent pas de faire des mariages royaux.

Pendant de nombreuses années, Raymondin avait su respecter les règles imposées par sa femme et à tous les samedis, il lui permettait de se retirer sans autre question. Mais un samedi, il ne put résister à la curiosité et décida d'entrouvrir la porte de la chambre où était recluse Mélusine. Ce qu'il vit le frappa de stupeur: Mélusine était dans son bain et son corps nu se terminait par une grosse queue écailleuse, une queue de serpent. Raymondin avait donc épousé une femme-serpent. Voyant le visage consterné de son mari, Mélusine s'enfuit immédiatement et, depuis ce jour, on ne la revit jamais. Certains disent qu'elle veille encore sur le château de Lusignan et protège ses descendants.

Cette version de l'histoire de Mélusine est abrégée et elle diffère d'un pays à l'autre. Par exemple, dans une de ces versions, c'est la mère de Mélusine qui l'aurait condamnée à se transformer en femme-serpent le samedi. Dans une autre version, on raconte qu'un des motifs de Raymondin pour aller voir son épouse était qu'il croyait qu'elle avait un amant qui venait, à son insu, la rencontrer le samedi. Certains récits prétendent que Mélusine a quitté le château en maudissant la famille Lusignan, lui prédisant toutes sortes de malheurs.

Mélusine change de nom selon les régions; on l'appelle parfois Mère Lucie, Mère L'Orsine, Mère L'Ogresse. Elle change aussi de visage, considérée comme une fée d'ombre et de lumière par certains, comme une ogresse qui dévore les enfants par d'autres, ou encore comme une fée dispensatrice de lumière. À certains endroits, on parle de femme-singe, à d'autres de femme-escargot ou même de femme-bison. Au Japon, elle est femme-daurade.

Esterelle est une fée provençale. Elle habitait près d'une fontaine où les Provençaux déposaient les offrandes qu'ils voulaient lui faire. En échange, la fée donnait à leurs femmes des boissons enchantées qui les guérissaient de leur stérilité. Un jour, Esterelle est disparue de cet endroit et on érigea en son honneur un monastère que l'on nomme Notre-Dame d'Esterel.

La fée Ludlam vient du comté de Surrey, en Angleterre. La légende raconte qu'elle habitait une caverne voisine du château de Farnham où elle faisait le bien en accordant sa protection à tous ceux qui la sollicitaient. Elle prêtait toutes sortes d'objets aux pauvres gens des environs. Pour obtenir quelque chose, il suffisait de se rendre à minuit à sa caverne, en faire trois fois le tour et dire ensuite: «Bonne mère Ludlam, ayez la bonté de m'envoyer ceci, je vous promets que je vous le rendrai dans deux jours.» Il n'en fallait pas davantage pour trouver l'objet à la porte de la grotte le lendemain matin. Un jour, un paysan vint lui demander un chaudron mais il tarda à le rapporter. Quand il le fit, la fée vexée refusa de le reprendre. Depuis, elle reste sourde aux demandes qu'on lui fait.

Les fées Péri sont de la tradition turque. Mi-humaines, mi-oiseaux, ces fées aident les sorciers qui se métamorphosent eux-mêmes en oiseaux pour voler au secours des jeunes gens et des jeunes filles enlevés par de mauvais génies, des monstres ou des dragons qui les enferment au fond des gouffres pour les manger.

Enfin, des légendes allemandes racontent qu'une fée, Berchta, sillonne le ciel pour apporter des cadeaux aux enfants. Elle est accompagnée d'enfants abandonnés, de fantômes et de squelettes. Mais cette fée, qui peut être gentille et généreuse, peut aussi se montrer méchante et terrible.

Quant à la tante Arie, elle ressemble à une vieille grand-mère. Elle reste tout le jour cachée dans sa demeure et n'en sort que la nuit. À Noël, tout comme la fée Berchta, elle remplit sa hotte de jouets et part les distribuer aux enfants. Dans l'est de la France, la légende veut qu'Arie fasse la tournée des maisons pour s'assurer que tout va bien.

Contes de fées

Les contes de fées ont nourri l'imaginaire enfantin des siècles durant et ils continueront de le faire pendant encore bien longtemps. Mais les histoires que nous connaissons, celles qui présentent la fée comme une bonne marraine et ont, invariablement, un dénouement heureux, si elles sont vieilles de plusieurs siècles, sont nées bien avant les conteurs que nous admirons tant, soit Charles Perrault et compagnie. Ces contes s'inspirent des légendes que racontaient les nourrices pour endormir les enfants dont elles avaient la charge, ils sont une version bourgeoise et sophistiquée du conte paysan. En effet, les contes de nourrice n'étaient pas toujours aussi heureux que ceux que nous retrouvons dans les livres. Quand on pense aux changelins, aux amours malheureuses de la fée Mélusine et au triste destin de Lorelei, on constate que les auteurs ont repris de vieux thèmes, les ont enjolivés, les ont saupoudrés de morale pour en faire des histoires à dormir debout, de belles histoires à faire rêver. En embellissant les légendes, ces auteurs les ont adaptées aux goûts de la société dans laquelle ils vivaient, une société qui cherchait avant tout un divertissement littéraire plus sophistiqué et voulait oublier les bûchers et les sorcières de l'Inquisition. Ce sont des femmes de l'aristocratie, dont madame D'Aulnoy, auteure du *Serpentin vert* et de *La grenouille bienfaisante*, qui créèrent les premières ce genre littéraire; elles furent ensuite suivies par des auteurs masculins comme Charles Perrault et les frères Grimm qui ont marqué l'histoire du conte, nous faisant oublier ces premières créatrices.

Quoi qu'il en soit, les contes de fées de la littérature courtoise demeurent un plaisir et ceux qui les ont écrits ont su utiliser leur plume comme le font les fées avec leur baguette magique.

CHAPITRE 3

LES ELFES

Comme nous l'avons dit précédemment, les elfes, partenaires des fées, forment une bande à part. Citoyens du Petit Peuple, ils sont eux aussi des amis de la nature et permettent la croissance et la santé des plantes et des arbres.

Vêtus de vert comme la nature qui les entoure, les elfes, quand ils ne sont pas confondus avec les fées de jardin, le sont avec les nains, leur petite taille et certains de leurs pouvoirs semant la confusion dans nos esprits. S'agit-il d'un nain, d'une fée ou d'un elfe qui se trouve là, dans le jardin, à bichonner une fleur? Quelle était la véritable identité de Robin des Bois? Était-ce un nain ou un elfe?

Dans son livre *Fées et elfes*, Édouard Brasey relate les propos du révérend Kirk, un pasteur anglican qui vécut au XVIIe siècle dans la paroisse d'Aberfoyle, en Écosse: «Ces elfes, ou *siths*, sont d'une nature intermédiaire entre l'homme et l'ange, comme les Anciens le pensèrent, des *daïmons;* d'esprits intelligents et curieux, de corps légers et fluides, quelque peu de la nature d'un nuage condensé, et plutôt visibles au crépuscule. Ces corps sont tellement souples, de par la subtilité des esprits qui les agitent, qu'ils se peuvent faire apparaître et disparaître à volonté. Certains ont des corps ou véhicules si spongieux, si fins, si immatériels, qu'ils ne les nourrissent qu'en suçant une subtile liqueur spiritueuse qui pénètre comme de l'air et de l'huile; les autres se nourrissent plus grossièrement de l'essence ou substance de grains et liqueurs, ou du blé lui-même qui croît à la surface de la terre et que ces elfes dérobent, tantôt d'une manière invisible, tantôt en becquetant comme les corneilles et les souris[1].» En 1921, Geoffrey Hodson compléta cette description: «Leurs jambes étaient maigres, et leurs vastes oreilles au dessus pointu et dirigé vers le haut avaient presque la forme d'une poire. Leurs nez aussi étaient pointus et ils avaient de grandes bouches. À l'intérieur de leur bouche, pas de dents, pas de structure, pas même de langue, autant qu'il en fût possible de le voir, exactement comme si tout l'ensemble était une pièce de gelée. Autour d'eux, une petite aura verte[2].» Ces deux descriptions des elfes fournissent un portrait assez complet de ces êtres magiques. Ainsi, si, par hasard, vous en rencontrez un, vous saurez à qui vous avez affaire. Et si, d'aventure, vous vous trouvez au pays de Galles en date du 7 août, et que vous voyez des collines illuminées par des milliers de lucioles, ne vous trompez pas, ce sont des elfes que l'on nomme aussi feux follets.

Voici un conte poitevin qui met en scène ces petits êtres de lumière. «Qui n'a entendu parler du feu follet? Flamme hératique produite par des émanations gazeuses, écrit Littré, qui, s'élevant soit des endroits marécageux, soit

---

1. Édouard Brasey, *Fées et elfes*.
2. Édouard Brasey, *Fées et elfes*.

des lieux où des matières animales se décomposent, s'enflamment spontanément et n'ont que peu de durée.»

«Pauvre savant, vous vous trompez. Tout Poitevin, sans avoir connu même le chemin de l'école, vous apprendra que le feu follet est l'âme vagabonde d'une personne défunte, en quête des prières que lui ont refusées ses héritiers.

Le feu follet affecte des aspects divers. On le voit sous forme de croix, de boule, de cierge, etc., voyager de-ci, de-là, toujours la nuit. Quelquefois le voyageur attardé le verra le précéder ou le suivre, marcher à ses côtés comme un compagnon fidèle, le toucher. Si c'est vous, n'ayez pas peur. Le feu follet ne brûle pas, ne fait aucun mal. Priez pour lui, il vous abandonnera aussitôt en vous laissant la satisfaction d'avoir contribué à sauver une âme.

Un de mes voisins, voyageant par une nuit sombre, fut suivi, en sortant de la forêt de Chantemerle, par deux feux follets, pendant plus de trois kilomètres. Le malheureux, tout effaré, marchait au pas de course, mais les flammes ne l'abandonnaient pas. Pour regagner Moncoutant, il lui fallait traverser, à La Morinière, la Sèvre, dont les deux rives étaient reliées par une planche étroite et branlante. Au moment de franchir ce pont dangereux, il hésite... Il fait si noir que le moindre faux pas peut causer sa perte. Désespéré, il se signe et... s'avance frémissant. À l'instant même, les feux bienfaisants se placent aux deux extrémités du passage et lui permettent de voir comme en plein jour la route à suivre. À peine la traversée opérée, ils disparaissent subitement, laissant dans l'obscurité la plus profonde notre voyageur, qui n'oublia jamais les péripéties de son voyage.

Un jour que j'arrivais à Moncoutant après une absence assez longue, quelqu'un me raconta que, pendant la nuit précédente, il avait vu, sur mon petit étang, errer longtemps et s'enfuir à travers la prairie un feu follet. Quand je questionnai mon domestique là-dessus, il me répondit:

– Je n'ai rien vu; mais, monsieur, on a pêché dans notre étang cette nuit-là. Je l'ai constaté, ce matin, en voyant les marques de traînage de filets sur la boue, et sur les berges, la trace de leur levée.

C'était un feu follet qui m'avait volé mon poisson, un feu follet d'un genre particulier, en chair et en os, qui, à défaut d'une lumière émanant de lui, opère avec son falot. Son nom est: maraudeur. Il est très commun.

Souvent, le feu follet se laisse entraîner au gré de son inspiration. À Saint-Cyr-des-Gâts (Vendée), j'en connais un dont le parcours est fixe. Il sort d'un fossé, se dirige vers une croix voisine, s'y arrête quelques instants et va se perdre au fond de La Callière à Fontenay. Il voyage en tout temps obscur. Les autres, sauf exceptions assez rares, ne se déplacent qu'aux avents, c'est-à-dire pendant les nuits qui précèdent les fêtes de Noël.»

Dans le Poitou, le feu follet est quelque peu différent de celui qu'on retrouve dans les pays anglo-saxons. Cependant, il est intéressant de voir les légendes des différentes régions face à ce phénomène, à leur origine et aux pouvoirs qu'on leur attribue.

Elfe et Dun-elfen

Selon les pays où ils se trouvent, les elfes portent des noms différents. En Allemagne, les elfes ont pour nom *nis*, alors qu'au Danemark, on les appelle *niss-god-drang*. En Suède, ils se nomment *tonttu*, tandis qu'en Angleterre, on parle de *tylwithes*. Enfin, en Espagne et en France, on les nomme respectivement *duende* et *sylphe* ou *esprit follet*. Quant aux Écossais, ils établissent une nette distinction en fonction des endroits où logent les elfes. Les *dun-elfen* se retrouvent dans les dunes, les *berg-elfen* habitent les collines et on rencontre les *munt-elfen* dans les montagnes. Les *woeter-elfen* et les *wudu-elfen* résident dans les eaux et dans les bois.

Mais quel que soit le nom qu'ils portent, on connaît les elfes pour leur chant et leur musique, lesquels, dit-on, sont un véritable ravissement. Plusieurs légendes parlent d'ailleurs des talents incomparables de ces petits musiciens. Leur musique enivre celui qui l'écoute et on prétend qu'après l'avoir entendue, l'auditeur n'est plus jamais le même; pour lui, la vie perd toute saveur.

Elfes clairs et elfes noirs

Il y a deux sortes d'elfes, les elfes clairs et les elfes noirs, les premiers étant considérés comme gracieux et bienveillants, tandis que les seconds sont vus comme de petits êtres méchants, de véritables fauteurs de troubles. Certains auteurs parlent d'elfes sombres, à mi-chemin entre les elfes clairs et les elfes noirs. Ces elfes sont moins bons que les premiers, mais pas aussi mauvais que les seconds.

Dans le domaine de la botanique, elfes clairs et elfes noirs se complètent. Les elfes noirs ont pour fonction la germination des graines, tandis que les elfes clairs assurent la croissance des plantes dès que les pousses sont sorties de terre et veillent à leur santé en compagnie des petites fées de jardins.

D'ailleurs, dans le domaine des plantes, les elfes, comme les fées, ont leurs arbres de prédilection. En Suède, le tilleul est la demeure des elfes. Le frêne revêt, lui aussi, beaucoup d'importance pour les elfes, c'est un arbre sacré entre tous. Enfin, la mandragore, très prisée par les sorcières, semble être apparentée aux elfes puisqu'en Allemagne, son nom est *Allraun* qui signifie «secret d'elfe».

Les elfes noirs ont très mauvaise presse; on leur attribue de multiples méfaits, et c'en est à se demander si ces petits bonshommes sont si méchants qu'on le prétend.

Plusieurs maladies sont, en effet, le fait des elfes. Quand on regarde l'étymologie de certains diagnostics, on retrouve souvent *elf*. Par exemple, le terme *ylfig*, en vieil anglais, désigne la folie ou l'épilepsie. En Norvège, urticaire se traduit par *elveblest;* la couperose, ou feu de l'elfe, est nommée *elfleur* en allemand. Mais de tous les maux causés par les elfes, l'*elf-shot* est le plus effrayant. Cette attaque n'est pas dirigée vers les hommes mais vers le bétail. Si un elfe décoche un *elf-shot*, les bêtes du troupeau sont transpercées et meurent presque instantanément. Le paysan voit alors son troupeau disséminé. Une citation de Robert Kirk décrit l'*elf-shot*, cette arme mystérieuse: «Leurs armes sont faites en partie de solides matières terrestres sans aucun fer, mais surtout en pierre semblable au tendre silex jaune de Spa, et façonnées en pointe de flèche bardée, qu'ils lancent avec force comme un dard. Ces armes (fabriquées avec un art et des instruments plus qu'humains, semble-t-il) ont quelque chose de la subtilité du tonnerre et blessent mortellement les parties vitales sans endommager la peau[1].»

Il semble aussi que la nuit comme le jour les elfes soient actifs et que leurs maléfices n'aient jamais de cesse. On leur attribue, en effet, les cauchemars: ces petits démons s'amusent à troubler le sommeil des humains. Le *Mahr*, cet esprit malfaisant qui est l'âme d'un mort, est lié à l'elfe dans l'étymologie du mot allemand *Alpdruck*.

À la recherche de nos Bons Voisins

Si l'on veut rendre visite aux fées et aux elfes, membres de la Bienveillante Famille, on doit être prêt à chercher longtemps et la quête risque fort de s'avérer infructueuse, car les fées et les elfes habitent un royaume invisible aux yeux humains. Ce sont des îles merveilleuses qui n'ont jamais été foulées par le pas des hommes. Cependant, on prétend que les citoyens du Petit Peuple passent parfois quelque temps dans l'île de Man, mais on n'en sait pas davantage. C'est ce qui ajoute au charme de ces êtres magiques: si l'on connaissait leur lieu de résidence, ils perdraient justement toute leur magie et deviendraient pour nous de simples citoyens.

Les sept fées du miroir aux fées

Nous terminons cette section sur un récit des enfants de l'école Concoret, librement adapté par Xavier Lesèche et qui s'intitule *Les sept fées du miroir aux fées*[2].

---

1. Édouard Brasey, *Fées et elfes.*
2. *Contes et légendes de Brocéliande.*

On dit qu'il y a bien longtemps sur cette terre, les plantes, les bêtes, les hommes et les êtres du Petit Peuple (fées, orcs, korrigans, géants...) vivaient en bonne intelligence, en harmonie même.

Mais les hommes, toujours entreprenants, défrichaient sans relâche pour étendre leurs cultures, ils creusaient la terre pour en extraire la pierre, et puis le fer pour forger leurs outils, mais aussi leurs armes.

Alors, une nuit, tout le Petit Peuple s'est réuni. Longtemps ils ont parlé, et au matin tous devaient en convenir: «Était venu le temps des hommes.» C'est à ce moment que les géants sont partis vivre dans les plus hautes montagnes du monde. Orcs et Trolls ont fui vers les plaines enneigées du nord. Les Korrigans, minuscules, n'ont eu qu'à se cacher dans les terriers sous les bosquets. Et les fées, elles? C'est bien souvent dans l'eau des ruisseaux, des fontaines ou des lacs qu'elles ont trouvé refuge.

Il était alors sept fées, sept sœurs toutes jeunes puisque l'aînée avait à peine 350 ans. Elles aussi ont pris leur envol en quête d'un lieu où vivre à l'abri du regard des hommes. Elles ne sont pas allées bien loin, car au cœur de la forêt, elles ont découvert une vallée paisible, que seuls le cri des bêtes, le chant des oiseaux et le vif gargouillis du Rauco animaient. Au bout de la vallée, ce ruisseau s'évasait pour former un petit étang. C'est là qu'elles ont décidé de se retirer, et sous les eaux de l'étang elles ont bâti leur demeure. La maison terminée, elles se sont réunies et, levant chacune leur main droite, elles ont fait le serment solennel qu'à partir de ce jour plus jamais elles ne se montreraient aux hommes, jamais.

Et c'est ce qui s'est passé. Pour ne pas être surprises par les errances d'un bûcheron ou d'un promeneur, elles restaient tout le jour au fond de l'eau; et ce n'est qu'à la nuit venue qu'elles sortaient prendre l'air, cueillir les herbes exigées par leurs magies et pour apprendre encore. Car chacune avait sa spécialité, sa curiosité. L'aînée étudiait le pouvoir des plantes, l'autre lisait les étoiles dans la nuit, la troisième scrutait la roche, une autre parlait des heures durant à tous les êtres visibles ou invisibles, la cinquième se plongeait dans l'infiniment petit qui est en toute chose, la sixième cherchait dans l'eau quelques traces de la mémoire du monde... La septième, la plus jeune, était si vive et si curieuse qu'elle voulait tout connaître, tout savoir. Aussi, chaque soir, elle suivait l'une ou l'autre de ses sœurs et partageait chacun de leurs secrets. C'était donc aussi la plus puissante en magie.

Longtemps, elles vécurent tranquilles dans la vallée. Cent, deux cent, trois cent... mille ans ont passé sans que jamais aucun homme ne se doute de leur présence. Mais au bout d'un millénaire, la plus jeune des fées autrefois si vive devenait morose. Elle ne disait plus un mot. Elle s'ennuyait: tous ces jours, enfermée. Souvent, pour tromper l'ennui, elle se promenait étendue sur le dos, là, juste sous la surface de l'eau, profitant ainsi des rayons du soleil. Un jour qu'elle nageait ainsi entre deux eaux, elle entendit résonner un bruit inconnu. C'était comme un pas très lourd, mêlant au son de la corne celui du métal raclant la roche. Et cela s'était arrêté au bord de l'étang. Alors, elle a filé jusqu'à la rive; et là, juste au-dessus d'elle, elle a vu la tête d'un cheval qui s'abreuvait. Elle a souri. Puis son petit cœur de fée s'est mis à battre, car là, juste au-dessus d'elle, un homme se penchait pour se rafraîchir. «Un homme? pensa-t-elle. Mille ans qu'elle n'en avait pas croisé.» Que deviennent-ils? Se font-ils encore la guerre? Quelles nouvelles inventions géniales? Qui règne sur le monde des hommes? Et il y a ce mystère, certaines fées prétendent: «Les hommes ont un étrange pouvoir. Ils ne sont pas magiciens, non. Et pourtant, le plus humble d'entre eux peut tenir la plus puissante des fées prisonnière à ses côtés.»

Mille questions lui brûlent les lèvres... Et, bravant le serment, elle jaillit de l'onde et lui apparaît. Le jeune homme reste un moment bouche bée. Ébahi par tant de grâce et de beauté réunies, il est sous le charme. La fée, de son côté, le trouve bien de sa personne, sans doute un gentilhomme, habillé pour la chasse, il a fière allure. Tout le reste du jour, elle va le questionner, parcourant avec lui toute la vallée, lui, tâchant de lui répondre au mieux et toujours avec une grande courtoisie. Le temps va filer et ce n'est qu'en fin d'après-midi qu'ils rejoignent l'étang. À cet instant, la fée réalise: le soleil est déjà bas dans le ciel et la nuit va venir. «Tu ne dois pas rester là! Va-t'en! Va-t'en vite!» Et le jeune homme, docile, enfourche et talonne sa monture. Le regardant partir, la fée se ravise: «Attends! Reviens demain, même heure, même lieu!» D'un signe de tête il lui répond. Bien sûr qu'il sera là demain. Il n'a plus qu'elle en tête. Alors elle retourne au fond de l'étang. Il était temps. Déjà ses sœurs s'apprêtent pour la nuit. Ses sœurs qui s'étonnent de la voir rentrer toute guillerette, chantonnant, embrassant le front de l'une, offrant une fleur de nénuphar à une autre. Elle semble soudain pleine de joie. Fatiguée par sa longue marche, la jeune fée s'allonge un instant. Fermant les yeux pour retrouver les images de ce jour, elle s'assoupit. Il s'est passé quelque chose, pensent ensemble les six sœurs. Aussi, elles forment le cercle et de leur magie conjuguée, elles lisent dans l'esprit de la cadette. Et elles découvrent l'horrible vérité : « Elle a rompu le serment et, de plus, a laissé cet homme repartir vivant. Il va prévenir les siens. C'en est fini de notre tranquillité. » Il nous faut agir ! Et, reformant le cercle, elles endorment la jeune fée pour tout un jour.

Le lendemain matin, le gentilhomme est de retour. Il a mis ses plus beaux habits et n'a qu'une hâte : la revoir. Mais ce n'est pas sa belle fée qui l'accueille. Sortant de l'ombre, jaillissant de l'eau, tombant des branches basses, ce sont les six sœurs qui se jettent sur le malheureux. Cinq d'entre elles le plaquent au sol, tandis que l'aînée, de ses mains, l'étrangle, le tue. Leur sale besogne accomplie, elles s'en retournent au fond de l'eau. Ce n'est qu'à l'extrême fin du jour que la jeune fée s'éveille. Tout de suite, à la lumière, elle réalise : le temps a filé, la nuit tombe déjà, son chevalier ! Elle court, elle nage – on ne sait trop – jusqu'à la berge et découvre le corps inanimé du jeune homme. C'est d'abord grande douleur, et, pour la première fois de sa longue existence, des larmes emplissent ses yeux. Elle se penche et tend sa main vers le beau visage quand soudain elle aperçoit des doigts meurtriers sur le cou. Après la douleur vient la colère, la terrible colère des fées. « Qui a fait ça ? » Elle n'a plus qu'une idée en tête, venger la mort de cet innocent. Elle interroge les arbres, les oiseaux. « Qui a fait ça ? » Effrayés, ils finissent par lui dire la vérité : « Ce sont tes sœurs. Mais toi seule es coupable, tu avais promis...» Mais déjà elle n'écoute plus. «Ce sont mes sœurs...» et, les yeux pleins de haine, elle retourne dans leur demeure sous les eaux, bien décidée à accomplir sa vengeance.

Cette nuit-là, l'étang va bouillonner, la terre va trembler, tout le val va gronder du vacarme du combat des fées. Au matin, tout est calme dans la vallée. Au fond de l'étang, la jeune fée se tient debout devant ses six sœurs pétrifiées, paralysées par sa puissance. Sans aucune pitié, elle saisit sa petite serpe et, une à une, elle les égorge. Oh, ce n'est pas par cruauté, non. Elle recueille un peu de sang de chacune dans un bol, y mêle son propre sang et quelques plants de son secret. Ensuite, elle court auprès du corps du chevalier. Entrouvrant ses lèvres, elle verse la potion sanguine dans sa gorge. La poitrine du jeune homme se gonfle, puis ses yeux s'ouvrent à la vie. Alors elle l'embrasse, de toutes ses forces, elle le serre contre son cœur. Et elle décide d'abandonner ce lieu à jamais maudit, et d'aller vivre avec lui, femme parmi les hommes.

Et l'histoire pourrait s'arrêter là. Sans doute ils furent heureux. Sûrement, ils eurent beaucoup d'enfants. Mais là, au fond de l'étang, sont six fées du Petit Peuple qui agonisent. Et, de leur gorge, le sang va couler, couler, se mêlant aux eaux de l'étang qui va déborder et se répandre. Sept jours et sept nuits durant, le sang des fées, rampant tel un serpent par-delà les collines et les bois, inondant chaque village, chaque vallée sur des lieues à la ronde, va marquer à jamais son passage. C'est pourquoi, encore aujourd'hui en Brocéliande, la roche et la terre sont rouges, pourpres du sang des six fées de ce petit étang que l'on nomme Miroir aux Fées.

Goublins et trésors[1]

Jusqu'à une époque encore éloignée de nous, il n'y avait pas de château, pas de maison importante qui n'eût son goublin ou démon familier. Les goublins, pas plus que les fées, ne rentrent dans le système chrétien. La religion de Jésus n'assigne aucune place à ces êtres, inférieurs à l'homme à quelques égards, supérieurs à lui à quelques autres. Il y a dans ces croyances un reste des anciennes religions qui a persisté à travers la nouvelle. Le goublin se retrouve partout en Europe, *domovoï* en Russie, *troll* en Allemagne et en Norvège, *poulpiquet* en Bretagne ; il porte deux noms au nord du département de la Manche. Près de la pointe de la Hague, à Auderville, il s'appelle *drôle*, nom qui n'est pas autre que *troll* prononcé à la française, et dans le reste de la province, *goublin*, mot identique à l'anglais *gobelin*. Dans l'Europe méridionale, le goublin est un lutin. Le goublin n'est pas méchant, il est espiègle. Le jour, il prend toutes sortes de formes. C'est un gros chien qui vient se chauffer au coin du feu, c'est un lièvre ferré qui se promène sur un pont, c'est un cheval blanc qui apparaît dans le pré, c'est un gros matou noir qui ronronne près du feu et se laisse parfois caresser.

Le goublin de Val-Ferrand, à Gréville, apparaissait ordinairement sous la forme d'un lièvre familier. Il venait se chauffer au feu pendant qu'on cuisait le soir la chaudronnée de pommes de terre. Il assistait à la fabrication du pain et, chaque cuisson, on lui faisait une galette qu'on mettait en dehors de la fenêtre. Si on l'oubliait, on en avait pour quinze jours de tapage dans la maison. Cela se passait il y a environ soixante ans.

---

1. Yann Brekilien, *Les mythes traditionnels de Bretagne*.

Le lutin du fort d'Omonville-la-Rogue était encore plus familier, mais il était aussi plus espiègle. C'était parfois un mouton blanc; d'autres fois un petit chien qui se couchait sous la jupe de la jeune fille de la maison et se faisait traîner. La nuit, on l'entendait tourner le rouet, laver la vaisselle. Dans la cour, c'était souvent un veau que l'on voyait apparaître à l'improviste. D'autres fois, c'était un lièvre qui s'amusait tout à coup à partir au galop avec du feu sous le ventre. Parfois, c'était un gros chien noir, qui faisait sa ronde le soir en grondant. La jeune fille s'était prise d'amitié pour lui; il s'amusait à lui jouer toutes sortes de tours plaisants. Elle voyait à terre un peloton de fil, par exemple, elle le ramassait en se reprochant sa négligence; tout à coup le peloton de fil éclatait de rire dans ses mains et sautait à terre. C'était le goublin qui s'ébattait.

Chez les Fleury de Jobourg, le goublin prenait ordinairement la forme d'un lièvre familier qui se laissait caresser comme un chat.

La présence d'un goublin indique généralement le voisinage d'un trésor. Tout trésor oublié depuis cent ans est placé sous la surveillance d'un goublin. Mais le trésor peut être révélé aussi par d'autres indices. Dans un herbage voisin du hameau Fleury, à Gréville, près d'une de ces colonnes de pierre que l'on place au milieu des champs pour que les bestiaux viennent s'y frotter quand ils sont démangés, on voyait souvent une belle cruche de cuivre luisante, qui disparaissait quand on venait à s'en approcher. Dans un carrefour voisin, on voyait une femme établie à filer. Quand on allait auprès, le rouet devenait de feu, puis disparaissait et la femme aussi. Dans la maison de Gréville, une femme qui était couchée dans son lit voit tout à coup une demoiselle apparaître à une de ses fenêtres, traverser la chambre et sortir par la porte opposée sans bruit et sans rien casser. D'autres fois, cette même femme, en se réveillant dans la nuit, voyait un petit homme installé à filer au milieu de la chambre; si elle se dressait sur son lit et lui adressait la parole, fileur et rouet disparaissaient. Tout cela indiquait qu'un trésor était caché dans la maison. On le chercha longtemps, mais on ne parvint pas à le découvrir.

Dans certaines maisons *goublinées*, on est réveillé par un tapage épouvantable; les portes s'ouvrent et se ferment avec violence, on entend des corps lourds dégringoler par les montées. Les chaudrons, les poêles, les cruches de cuivre se choquent violemment. Dans la cuisine, on entend des bruits d'assiettes et de verres cassés. Le lendemain matin, on va voir: tout est en place, rien n'a bougé.

Généralement, les goublins sont silencieux; mais il y en a qui parlent. Il y en avait un au Hameau Fleury, à Gréville, qui avait le don de la parole. On l'avait nommé Gabriet et il connaissait très bien son nom. Il prenait diverses formes; c'était tour à tour un chien, un chat, un veau. On n'en avait pas peur. On lui parlait; il comprenait, il répondait quelquefois; mais il ne causait jamais familièrement.

Une nuit, il réveille la maîtresse de maison. Il avait levé la pierre du foyer: «Voilà de l'argent, disait-il, viens le prendre.» Elle aurait bien voulu aller voir mais la peur l'emporta; elle resta dans son lit. Bien lui en prit. Gabriet lui dit plus tard: «Tu as bien fait de ne pas venir. J'allais te mettre sous la pierre.»

Il ne trompait pas toujours. Un des fils de la maison s'appelait Desmonts (Fleury-Desmonts, car alors on donnait des noms de seigneurie aux aînés de la famille, le plus jeune gardait seul le nom héréditaire). Une nuit, Desmonts s'entend appeler: «Desmonts, Desmonts, ton cidre jette.»

Desmonts reconnut la voix de Gabriet: il craignit un piège et ne bougea pas; il s'en repentit: le lendemain, quand il entra au cellier, il trouva un de ses tonneaux presque vide, parce que la chantepleure avait été mal fermée.

Quand les goublins ne s'en tiennent plus aux simples espiègleries, c'est qu'ils s'ennuient de garder le trésor qu'on leur a confié, qu'ils désirent qu'on le découvre et qu'on les délivre, mais ils n'ont pas le droit d'enseigner le lieu précis où il se trouve. C'est ce qui explique comment les recherches sont souvent infructueuses. Le trésor gardé par Gabriet fut longtemps cherché inutilement parce qu'il n'était pas dans la maison, mais dans une de ses dépendances, dans une grange dont on ne se servait pas. Cette grange, les Fleury la louèrent aux Polidor. Ceux-ci trouvèrent le trésor dans un mur, mais ils ne s'en vantèrent pas. Le trésor «levé», Gabriet disparut.

Le trésor une fois découvert, il reste encore certaines conditions à remplir pour pouvoir s'en emparer sans danger. Il faut d'abord l'entourer d'une tranchée pour que le goublin ne soit pas tenté de l'emporter ailleurs; il faut ensuite enlever soigneusement la terre qui l'entoure et, enfin, il faut trouver quelqu'un qui «lève le trésor». Celui-là est condamné à mourir dans l'année. On prend ordinairement à cet effet un vieux cheval hors de service, dont on fait le sacrifice volontiers. Une dame Henry, de Gréville, qui avait découvert dans un trou de son escalier un vieux pot de terre contenant une somme de quinze cents francs et l'avait tiré elle-même de là, mourut dans l'année. C'était en 1770. On n'a plus entendu parler depuis de trésors découverts.

Les monuments mégalithiques, dolmens, menhirs, galeries couvertes, passent pour renfermer des trésors. On raconte à Beaumont que des Cherbourgeois qui étaient venus dans la lande à la recherche d'un prétendu trésor travaillèrent longtemps et ne trouvèrent rien. Comme ils revenaient, ils aperçurent dans un arbre un homme, «pas plus gros qu'un rat», qui se moquait d'eux et leur criait: Fouah! Fouah!

CHAPITRE 4

LES NAINS ET GNOMES

Les nains et les gnomes sont, eux aussi, membres de la Bienveillante Famille. Si, dans certains contes, on remarque moins leur présence, c'est qu'ils sont éclipsés par d'autres personnages plus attirants. Cependant, ils n'en sont pas moins nombreux et possèdent des pouvoirs très importants. En effet, si on considère l'étymologie du nom gnome, on découvre qu'il vient du mot grec *nômé* qui signifie «savoir». En latin, gnome est associé à «connaissance» ou *gignosko:* «je connais». Nains et gnomes ont longtemps été considérés comme porteurs de savoir et on croyait qu'ils pouvaient élucider des mystères insolubles au commun des mortels. D'ailleurs, en France, on raconte qu'en disparaissant les nains ont emporté avec eux les secrets de la science et que leurs trésors sont désormais introuvables. On prétend aussi que seuls les nains bretons peuvent déchiffrer les signes cabalistiques gravés sur les monuments druidiques et que les nains scandinaves ont en leur possession des connaissances semblables. De plus, dans la croyance bretonne, les nains sont des génies de la taille des pygmées, doués, tout comme les fées, de pouvoirs magiques. Certains auteurs affirment qu'ils ont le don d'invisibilité, d'autres croyant à leur pouvoir de métamorphose.

Dans le folklore européen, les gnomes sont des esprits qui vivent sous terre; on les associe alors aux richesses et aux métaux précieux qui y sont enfouis. Ils sont considérés comme de petites divinités des mines qui connaissent la science des métaux. Une légende ne dit-elle pas qu'ils sont des anges déchus qui se sont réfugiés dans les entrailles de la terre?

Toutefois, nous verrons dans ce chapitre que nains et gnomes ne sont pas tous des résidants permanents du sous-sol; plusieurs vivent au grand jour et logent dans les chaumières, les granges et les bois, certains allant jusqu'à fréquenter les pubs et les brasseries.

Dans le très beau livre *Les gnomes*, de Wil Huygen et Rien Poortvliet, ces petits bonshommes ont pour résidence une maison souterraine, et ils n'en sortent que la nuit pour vaquer à leurs occupations. Amis de la nature et des bêtes, ils connaissent les secrets des plantes. Les auteurs de ce livre répertorient les gnomes en différentes catégories: gnomes de bois, gnomes des dunes, gnomes de jardins, gnomes domestiques, gnomes de ferme et enfin gnomes sibériens. Ils ne parlent pas des gnomes mineurs. C'est dire que chaque auteur a sa définition des gnomes.

Comme c'est le cas pour les fées et les elfes, les nains portent différents noms en fonction de leur mode de vie. Par exemple, en France, on parle indifféremment de nains, de gnomes ou de gobelins. En Écosse, les nains domestiques portent le nom de Brownies, alors qu'en Irlande, ce sont des Cluricaunes. Enfin, en Allemagne, on les nomme

Kobolds ou Trolls. Bien sûr, ces distinctions manquent de finesse et les Kobolds, par exemple, ne limitent pas leur territoire à l'Allemagne, certains auteurs leur attribuant une origine plus nordique. De plus, on pourrait encore répertorier les appellations des gnomes sur plusieurs pages, mais cette nomenclature serait fastidieuse et inutile, elle nous apprendrait peu de choses sur les mœurs et le caractère de ces petits bonshommes.

L'origine des gnomes: une théorie scientifique

Outre les merveilleuses légendes dont nous avons parlé au début de cette partie du livre, il existe une théorie sérieuse voulant que les nains aient réellement existé et qu'ils aient été effacés de la face de la terre par des envahisseurs. On appelle cette théorie la «pygmée-théorie». Dans son ouvrage intitulé *Nains et gnomes*, Édouard Brasey cite les propos de Sir Walter Scott, un auteur du XIXᵉ siècle, grand connaisseur des fées, elfes et gnomes: «En vérité, on peut conclure que ces nains n'étaient originellement rien d'autre que les minuscules peuplades des régions lapones, lettones et finnoises, qui, fuyant devant les envahisseurs asiates, vinrent dans les régions les plus reculées du Nord et tentèrent de se soustraire aux conquérants orientaux. C'était une race de toute petite taille mais possédant probablement quelques connaissances dans la recherche et l'extraction des minerais dont le pays abonde, et pouvant peut-être également, par l'observation des changements des nuages et des phénomènes météorologiques, prédire le temps et se targuer ainsi d'un certain pouvoir surnaturel. En tout cas, on a supposé, d'une manière plausible, que ces pauvres gens, qui se terraient dans les cavernes pour éviter la persécution des Asiates, reçurent d'une certaine façon une compensation à leur infériorité en force et en stature par l'art et le pouvoir dont l'ennemi les croyait capables. Ces fugitifs, opprimés mais craints, furent assez naturellement confondus avec les esprits germaniques appelés Kobolds, d'où le goblin anglais et le bogel écossais dérivent évidemment par une inversion des lettres et un changement de prononciation[1].»

Cette théorie, expliquée par Sir Walter Scott, fut appuyée par d'autres chercheurs tout aussi respectables. D'ailleurs, bien avant le XIXᵉ siècle, Aristote, grand philosophe de l'Antiquité grecque, croyait en l'existence des pygmées. Quant aux Romains, ils connaissaient, eux aussi, les gnomes.

Enfin, pour corroborer ces dires, on raconte qu'en l'an 1200, un pêcheur du nom de Frédérick Ugarph trouva, dans une cabane, une statuette de bois d'une hauteur d'environ 15 centimètres représentant un petit bonhomme. Sur le socle, on pouvait lire l'inscription: Gnome grandeur nature. Après de nombreuses investigations, il s'avéra que la statuette avait déjà plus de 200 ans lors de sa découverte.

Cependant, c'est beaucoup plus tard, soit au XVIᵉ siècle, que les gnomes sont réellement sortis de l'ombre. Ils ont, en effet, été popularisés par Paracelsius, un médecin et alchimiste suisse très respecté, qui affirmait que les gnomes pouvaient se déplacer sous terre comme des poissons dans l'eau.

Toutefois, les gnomes qui nous intéressent ici ne sont pas ceux qui ont fait l'objet d'études menées par des scientifiques, mais plutôt ces petites créatures qui peuplent les contes et légendes et sont à nos yeux des personnages

---

1. Édouard Brasey, *Nains et gnomes*.

folkloriques. C'est au Moyen Âge que les nains et les gnomes se sont intégrés à l'univers merveilleux de la légende. C'est aussi à cette époque que la main de fer du christianisme s'est abattue sur les Gens de la Petite Noblesse et a noirci leur image, tentant, une seconde fois, de les effacer de la face visible de la terre.

Bonnet rouge, bonnet vert

On attribue aux nains un faciès peu attirant. Mais comme il y a différents types de nains, on rencontre plusieurs physionomies. Tous sont bien sûr petits, mais leur taille varie, certains n'atteignant pas plus de 45 centimètres de hauteur tandis que d'autres pouvant avoir la taille d'un enfant de deux ans. Cependant, Wil Huygen et Rien Poortvliet prétendent qu'un gnome sans bonnet ne dépasse pas 15 centimètres.

Si les gnomes peuvent parfois être repoussants, on les représente généralement comme de sympathiques petits vieillards portant une longue barbe et, dans certains cas, ils sont affublés d'une bosse disgracieuse sur le dos. Dans la cabalistique juive, les gnomes n'ont qu'un pied, alors que dans le populaire livre *Les gnomes*, ils en ont deux, comme tout le monde. Dans ce même ouvrage, leurs femmes, qu'on appelle couramment les gnomides, ressemblent à de gentilles grands-mères roses et potelées, leur physique s'apparentant à ces jarres à biscuits qu'on retrouve sur les étagères des maisons de campagne. Pourtant, toujours selon les cabalistes juifs, les gnomides étaient d'une grande beauté.

Quant à la tenue vestimentaire des gnomes, le bonnet semble un incontournable. Souvent de couleur rouge ou parfois vert, le gnome s'en départit rarement, c'est un peu sa marque de commerce. D'ailleurs, les gnomes de plâtre ou de plastique qui se retrouvent dans les jardins sont tous coiffés de ce type de bonnet. Cependant, il ne faut pas établir trop de généralités. Les gnomes sont comme les humains, ils ont leurs particularités.

Enfin, chacun attribue aux gnomes l'image qui lui convient. Ne sont-ils pas des personnages de légendes décrits au gré des humeurs des conteurs? Par exemple, le portrait tracé par Wil Huygen et Rien Poortvliet rassure et nous permet de voir en ce bonhomme un minuscule grand-père tout de bonté et de sagesse. N'est-ce pas l'image que nous souhaitons retenir?

Tout au long de ce chapitre, nous irons à la rencontre des nains et gnomes du monde; nous en oublierons sûrement plusieurs, ils sont si nombreux. Mais pourquoi ne pas profiter de cet avant-goût pour en créer d'autres, convenant à notre imaginaire du XXIe siècle.

Habitants des sous-sols

Il y a bien longtemps, les nains et les gnomes étaient considérés comme les membres d'une peuplade souterraine qui habitait les mines et avait l'art d'en extraire les richesses pour en faire des objets qu'on disait fabuleux.

Les mineurs croyaient en la présence de ces nains et leur témoignaient un grand respect. Ils savaient que la mine était leur territoire et que s'ils osaient dérober un bijou ou un quelconque objet leur appartenant, ils risquaient fort de s'attirer leur courroux et de faire face à de gros ennuis. Cependant, s'ils n'outrepassaient pas leurs droits, ils trouvaient en les gnomes de grands amis qui les aidaient et leur servaient de guides dans leurs explorations des profondeurs de la terre.

On retrouve plusieurs familles de nains mineurs dont une, assez répandue, en Europe, les Knockers. Les Knockers, qu'on peut aussi appeler «frappeurs» en français, portent ce nom parce qu'ils font du bruit en cognant avec leurs outils pour signaler leur présence dans la mine. On les rencontre au pays de Galles, en Écosse, en Allemagne, en Autriche, en Yougoslavie ainsi qu'en Roumanie. Édouard Brasey décrit assez justement ces petits ouvriers des sous-sols: «Même si certains d'entre eux s'avèrent parfois maléfiques, les Knockers sont essentiellement des esprits serviables, habiles et travailleurs, qui se manifestent en donnant des coups de marteau et de pioche dans les boyaux des mines riches en minerais, afin d'y attirer les mineurs. Ils connaissent en effet l'emplacement de tous les bons filons de l'Europe et le fait d'entendre le bruit des Knockers est considéré comme une chance extrême pour les "gueules noires"[1].»

Mais il n'y a pas que les Knockers qui hantent les mines, d'autres régions ont leurs gnomes mineurs. Par exemple, en Bretagne, il existe de petits gnomes, semblables aux Knockers, qui veillent à la protection des mineurs en leur signalant tout danger d'effondrement. Ces bonshommes, alliés des mineurs, sont un peu comme une richesse enfouie dans le sol, car ils les aident à se frayer un chemin dans les ténèbres.

Pour illustrer ces propos, voici une courte histoire racontée par Yvon Le Goff, un mineur de la mine de Pont-

---

1. Édouard Brasey, *Nains et gnomes*.

Péan, intitulée *Le petit mineur de la mine argentifère de Pont-Péan*[1].

> Le petit mineur est le lutin protecteur des ouvriers de la mine, qu'il affectionne et qu'il aime. Passant sa vie au milieu d'eux, il surveille, inspecte les travaux, et évite autant qu'il le peut des malheurs à ses amis.
>
> Si un travailleur s'assoit, un instant, pour se reposer ou pour manger un morceau dans un endroit dangereux, aussitôt le petit mineur l'en prévient. Il fait pleuvoir dru comme grêle, sur la tête de l'ouvrier, de la poussière, des graviers et même des cailloux pour l'obliger à déguerpir au plus vite.
>
> D'autres fois, lorsque *les terrains* doivent s'écrouler sans qu'on s'en doute, ou bien encore quand les échafauds et les *boiselages* sont pourris et menacent de s'effondrer, le lutin qui voit tout, qui entend tout, donne l'alarme. Il frappe des coups précipités et distincts aux endroits dangereux; il imite, à s'y méprendre, le bruit des craquements souterrains et fait prendre la fuite aux mineurs. Ceux-ci vous affirmeront même qu'ils ont été appelés par leurs noms au moment d'une catastrophe. Les faits sont venus trop souvent, hélas! confirmer les prédictions du petit mineur, et n'ont fait qu'accroître, comme on le pense, son pouvoir surnaturel.
>
> Pendant des manœuvres de pompes, de halage de cages de minerai, au moment où quelque travailleur courait un danger imminent, soit qu'il fût prêt à passer quand la cage descendait dans le puits, soit dans toute autre circonstance périlleuse, on a entendu, soudain,

---

1. *Trésors des contes du Pays gallo.*

au milieu des ténèbres, et au moment suprême, des commandements étranges qui avaient pour effet de conjurer le danger; ce danger passé, personne n'avait donné d'ordres; ce ne pouvait donc être que le petit mineur.

Que de fois n'a-t-on pas vu des puits sur le point d'être abandonnés parce que leurs galeries étaient devenues stériles. Les ingénieurs, les directeurs avaient déclaré que toutes les recherches étaient désormais inutiles, qu'il n'y avait plus rien à espérer. Soudain, au milieu du silence profond de ces noirs souterrains, des coups de pioche se faisaient entendre – mais très distinctement –, à intervalles réguliers, et lorsqu'on se dirigeait du côté du bruit, ou reconnaissait que la terre avait été fouillée. En creusant le sol à cet endroit, on retrouvait le filon perdu.

Les mineurs de Pont-Péan ont une telle croyance dans le lutin que la veille de la Sainte-Barbe, ils vont le consulter pour savoir s'ils mourront dans l'année. Ils descendent à cet effet dans la mine, à leurs chantiers, et là, chaque mineur allume une chandelle qu'il laisse brûler. Si la lumière s'éteint avant d'être consommée, c'en est fait de leur existence: le génie invisible est passé qui a fixé le terme de la vie de son protégé.

Buveurs de brune

De tous les nains et gnomes qui ont choisi de vivre au grand jour et de s'accommoder de la présence des humains, les Brownies semblent les plus caractéristiques. D'origine écossaise, ces gnomes, entièrement recouverts d'une épaisse fourrure brune de laquelle sortent deux yeux extraordinairement bleus, mesurent environ de 50 à 90 centimètres.

Résidants de nos chaumières, leur lieu de prédilection est au coin de la cheminée; là, ils s'installent sur le crochet d'une casserole et se balancent paisiblement comme de petits vieillards. Ces personnages, d'aspect peu rassurant à première vue, sont pourtant de fidèles alliés des habitants de la maison. La nuit, quand tous sont endormis, ils procèdent au nettoyage et effectuent diverses tâches domestiques. Pour les récompenser et aussi leur démontrer un brin d'affection, il suffit de leur laisser, dans un coin discret près de la cheminée, de la crème et un gâteau de miel ou du pain. Mais attention! Quand on leur donne ces aliments, il faut s'assurer de ne pas les couper avec les mains, mais de toujours utiliser un couteau. Si l'on ne respecte pas cette règle, le Brownie du foyer sera terriblement vexé. Certains Brownies fréquentent aussi les pubs et participent au brassage de la bière. Dans ce cas, un petit verre de bière brune est, pour eux, la meilleure gratification; cette boisson représente la suprême gourmandise. On raconte que pour faire fuir un Brownie, il suffit de lui offrir un vêtement neuf. Ce cadeau symbolise son affranchissement de la vie domestique.

En Écosse, les Brownies avaient une telle popularité que certaines têtes couronnées croyaient en leur existence. Ainsi, le roi Jacques Ier, celui-là même qui participa activement à la chasse aux sorcières pendant l'Inquisition, ne doutait aucunement de leur présence.

D'autres pays européens ont, eux aussi, leurs nains du foyer ou esprits familiers comme les nomme Édouard Brasey. Chez les Anglais, ce sont les Klabers. D'ailleurs, dans le roman anglais de madame J. K. Rowling, *Harry Potter et la chambre des secrets*, le héros, Harry Potter, voit arriver dans sa chambre un petit personnage nommé Dobby: «[...] La petite créature assise sur le lit avait de grandes oreilles semblables à celles d'une chauve-souris, et des yeux verts globuleux de la taille d'une balle de tennis. [...] La créature se laissa glisser sur le lit et s'inclina si bas que le bout de son nez toucha le tapis. [...] Il avait l'air d'une grosse poupée repoussante de laideur[1].» Dobby, qu'on qualifie d'elfe dans le roman, est en fait un nain de maison puisqu'il est au service d'une famille prestigieuse qui le malmène passablement. Par la suite, Harry, bien malgré lui, libère Dobby en lui jetant une vieille chaussette, ce qui lui permettra de s'enfuir de la maison de ses odieux maîtres. «Dobby a reçu une chaussette, dit l'elfe avec une expression d'incrédulité. Le maître l'a jetée et Dobby l'a attrapée. Alors, Dobby est *libre*[2].» Selon la description qu'on en fait, Dobby semble bien être un Klabers anglais.

Enfin, en Norvège et en Suède, ce sont les Nisses et les Tomtes qui tiennent le rôle de nains domestiques. Cependant, l'apparence de ces derniers est différente de celle des Brownies ou des Klabers; elle se rapproche davantage de celle des gnomes tels que nous les imaginons : petits vieillards à barbe blanche et coiffés d'un bonnet rouge. Nisses et Tomtes sont non seulement de précieux aides domestiques, mais s'avèrent d'excellents compagnons pour les enfants. Sorte de père Noël, on prétend que ce sont eux qui descendent par la cheminée pour apporter les cadeaux des petits. Décidément, les gnomes sont des hommes à tout faire.

Les Kobolds

D'origine allemande, les Kobolds étaient autrefois bien connus des mineurs qui, en signe de politesse, les

---

1. J. K. Rowling, *Harry Potter et la chambre des secrets*.
2. J. K. Rowling, *Harry Potter et la chambre des secrets*.

invoquaient avant de faire leur entrée dans la mine. Car les Kobolds étaient d'une grande susceptibilité et les impolis qui négligeaient de les saluer subissaient leur colère.

Avec le temps, les Kobolds, lassés de l'obscurité, ont choisi de vivre au grand jour et ont élu domicile dans des endroits plus ensoleillés. De gnomes mineurs, ils sont devenus gnomes de bois, leur demeure étant alors les racines de mandragore. «Pour prendre contact avec eux, il fallait couper ces bois et ces racines et les couper de façon à reproduire l'effigie des Kobolds. On leur creusait de larges bouches et on les habillait de vert. À défaut, on les modelait avec de la cire blanche ou de la mie de pain. Ces poupées étaient recueillies par les hommes et vénérées comme des divinités. On les plaçait dans des boîtes dites "boîtes à Kobolds", et désormais ces nains issus du sous-sol faisaient partie intégrante de la maison qui les avait accueillis, protégeant le foyer et s'acquittant des humbles tâches ménagères[1].»

Puis, les Kobolds sont enfin sortis de leur boîte et, comme les Brownies et les Klabers, se sont installés dans la maison et intégrés à la vie de famille. Mais à la différence de ces derniers, on ne peut compter sur eux pour effectuer les travaux domestiques. Ils préfèrent rester assis bien sagement dans un coin et n'en plus bouger, c'est le repos du mineur.

Lutins, *schtroumpfs* et compagnie

Les lutins viennent grandir les rangs de la Bienveillante Famille. Ils sont à la fois des nains domestiques et des nains

---

1. Édouard Brasey, *Nains et gnomes.*

d'extérieur, si on peut s'exprimer ainsi. On peut les rencontrer tant dans les chaumières que dans les bois ou dans les prés. Dans l'imagerie populaire, le lutin est considéré comme un personnage sympathique. Farceur, le lutin, comme tous les autres gnomes, peut avoir mauvais caractère si on ne le respecte pas, mais, de façon générale, c'est une bonne nature.

Selon Édouard Brasey, les lutins sont originaires de France mais la famille s'est étendue à une grande partie de l'Europe et on en retrouve même des descendants de nos jours. «La majorité des lutins vivait jadis en France. Mais certains d'entre eux ont fait souche dans le sud-ouest de l'Angleterre, où ils se sont alliés aux *pixies*. En Italie, ils sont assimilés aux *folletti*. En Flandre, ils ont pour nom *kwelgeert* et *plageert*. Les *schtroumpfs*, ces petits bonshommes bleus coiffés de bonnets blancs – rouge pour le chef – et dont le dessinateur Peyo a retracé la saga dans *Le Journal de Spirou*, appartiennent indubitablement à la famille des lutins belges[1].» On voit ici que, de personnages de légendes, les lutins sont devenus des héros de bandes dessinées. C'est dire à quel point ils sont sympathiques.

Gnomes de malheur

Les gnomes sont en général de braves petits bonshommes. Cependant, il en existe qui sont foncièrement méchants; comme les elfes noirs, leurs actions sont toutes orientées vers le mal. On les appelle: gnomes noirs. Il y en a bien sûr plusieurs familles. Mais les plus redoutables sont, sans contredit, les Red Caps qui se régalent du sang humain. «Ils ressemblent à des vieillards affublés de longs cheveux gris, de

---

1. Édouard Brasey, *Nains et gnomes*.

barbes tressées, de mains en forme de serres d'aigles, de dents proéminentes et d'yeux rouges étincelants. Ils sont chaussés de bottes de fer, tiennent une pique dans la main gauche et arborent fièrement sur leur chef le bonnet rouge d'où ils tirent leur nom[1].» Juste à imaginer leur allure, on devine que ces nains n'ont rien en commun avec les Brownies ou tout autre gentil gnome domestique. On rencontre surtout les Red Caps en haut des tours des châteaux, d'où ils surveillent les passants qu'ils écrasent sous d'énormes rochers dès qu'ils les aperçoivent. Après avoir commis leur crime, ils descendent prestement pour tremper leur bonnet dans le sang répandu. Morbide activité!

Les korrigans sont aussi des nains à éviter. Certains auteurs les classent parmi les elfes maléfiques, d'autres les considèrent comme de mauvaises fées; enfin, on les associe souvent aux nains. D'ailleurs, Yann Brekilien, dans son ouvrage *Les mythes traditionnels de Bretagne*, les compare à de méchants lutins. Il les décrit ainsi: «De petite taille, ils ont une grosse tête fort laide et très ridée. Ils sont noirs et velus et l'on dit que malgré leur maigreur, ils possèdent une force prodigieuse. [...] Les korrigans portent des vêtements courts, inusables, de toile grise pour les jours ordinaires, de couleur quand ils vont aux festins, aux assemblées ou aux noces. Mais la couleur que l'on indique n'est pas la même partout. Les korrigans de sexe masculin ont un grand chapeau plat à ruban de velours et les korriganes un petit bonnet violet[2].»

Selon cet auteur, les korrigans étaient responsables de multiples méfaits dont celui d'enlever les enfants de parents

---

1. Édouard Brasey, *Nains et gnomes*.
2. Yann Brekilien, *Les mythes traditionnels de Bretagne*.

mortels pour les remplacer par les leurs. Nous avons d'ailleurs vu que ces rapts sont aussi le fait des elfes.

De son côté, Édouard Brasey, dans son ouvrage *Nains et gnomes*, présente les korrigans comme de charmantes petites fées et qualifie leurs époux, les korrils, de redoutables. Le portrait qu'il brosse de ces créatures n'est guère plus flatteur que celui présenté par Brekilien : «Les korrils sont en général cornus, noirs et velus, la face ridée et les cheveux crépus. Leurs yeux, profondément enfoncés dans leurs orbites, sont petits et rouges, ou bien noirs et brillants comme des escarboucles. Leurs mains sont armées de griffes de chat et leurs pieds sont revêtus de cornes de bouc. Leur voix est sourde mais cassante et leur rire est tonitruant[1].» On raconte aussi que les korrils ou les korrigans dansent en rond pendant des nuits entières. Le pauvre mortel qui s'en approche est entraîné dans leur ronde et ne peut jamais en sortir, seule la mort lui permettra le repos.

Les korrigans sont de mauvais farceurs, ils prennent un malin plaisir à jouer des tours. «Farceurs comme ils l'étaient, les korrigans prenaient un malin plaisir, quand l'occasion s'en présentait, à jouer de bons tours aux humains : ils détachaient les bestiaux pendant la nuit, faisaient tomber les pommes, ou même labouraient un champ chargé de récolte. Et que de jeunes filles rentrant tard des veillées, des festou-noz ou des pardons, se sont senties tout à coup saisies à deux bras par-derrière et embrassées dans le cou : c'étaient les Korrigans... qu'alliez-vous penser d'autre[2]?» Certaines de leurs farces peuvent être simplement amusantes, tandis que d'autres peuvent s'avérer néfastes.

---

1. Édouard Brasey, *Nains et gnomes*.
2. Yann Brekilien, *Les mythes traditionnels de Bretagne*.

Cependant, comme tous les êtres magiques, les korrigans ont un grand sens de la justice et punissent ceux qui ne respectent pas leurs règles. Ils mettent rapidement au jour le jeu des fourbes, des menteurs et celui des profiteurs, les avares ne sont pas non plus épargnés. Les korrigans châtient ceux qui abusent de leur bonne foi. En Bretagne, pour se protéger des korrigans, on recommandait d'utiliser une petite fourche servant à nettoyer le soc d'une charrue. Cet outil porte le nom de *karsprenn*. Cette fourche éloigne non seulement les korrigans, mais aussi tous les êtres de la nuit. Les paysans devaient donc l'apporter avec eux dans leurs déplacements nocturnes afin d'éviter d'être happés dans la ronde infernale des korrigans.

La danse des korrigans

Nous conclurons cette dernière partie avec une légende très connue[1] dont on trouve de multiples versions dans les livres de folklore.

> Dans ces temps-là vivaient dans un petit bourg de basse Bretagne deux tailleurs qui habitaient la même rue et étaient affligés de la même difformité : ils étaient aussi bossus l'un que l'autre. Cela leur valait d'être la risée de la paroisse et de ne pouvoir croiser personne sur leur chemin sans en recevoir une volée de quolibets. L'un s'appelait Kaour et l'autre Laouig. Kaour était d'un heureux tempérament, il répondait aux plaisanteries par des plaisanteries encore plus fines ; tout le temps qu'il était installé à coudre, il n'arrêtait pas de raconter à qui voulait les entendre de savoureuses histoires et de chanter d'une voix de fausset des chansonnettes humoristiques et des romances sentimentales ; il

---

1. Yann Brekilien, *Les mythes traditionnels de Bretagne.*

prenait la vie du bon bout. Laouig, au contraire, était continuellement renfrogné, il supportait mal les moqueries et ne se mettait guère en frais pour distraire ses pratiques. Ajoutons qu'il aimait l'argent et que lorsqu'il pouvait gruger son prochain, il ne laissait jamais passer l'occasion. Bref, ils étaient de ces tailleurs qui justifient le dicton : «Ar c'chemener n'eo ket eun den, met kemener ha netra ken» (Le tailleur n'est pas un homme mais un tailleur et rien de plus).

Une nuit, Kaour rentrait d'une journée de travail à la ferme de Penhoat-uhella, où il avait eu à confectionner les habits de noces du fils de la maison, et traversait au clair de lune une grande lande où parmi les ajoncs se dressaient plusieurs menhirs. Soudain, alors qu'il débouchait au sommet, il entendit de petites voix fluettes qui chantaient :

Dilun, dimeurzh, dimerc'her! (Lundi, mardi, mercredi).

– Tiens! se demanda-t-il, qui peut donc chanter ainsi, dans ce lieu désert?

Il s'approcha tout doucement, en évitant de faire le moindre bruit, et vit une bonne centaine de petits korrigans et korriganes qui dansaient en rond en se tenant par la main. L'un d'eaux s'époumonait à bramer :

Dilun, dimeurzh, dimerc'her!

Et tous les autres reprenaient en chœur, en redoublant leurs entrechats :

Dilun, dimeurzh, dimerc'her!

Kaour, qui avait entendu dire que les voyageurs attardés qui se trouvent traverser une lande où dansent les korrigans sont sûrs d'être entraînés dans leur ronde et forcés de tourner avec eux jusqu'au chant du coq, fit prudemment demi-tour, sur la pointe des pieds. Mais si discrètement qu'il eut opéré sa retraite, il n'en fut pas moins remarqué par les danseurs nocturnes qui, interrompant leur ronde, se ruèrent sur lui en poussant des cris stridents et l'eurent bientôt entouré comme un essaim de mouches entoure une goutte de miel. Il n'en menait pas large et quand les petites créatures lui crièrent toutes à la fois: «Viens danser avec nous!», il se dit qu'il ne serait sans doute pas bon de les contrarier. La ronde se reforma donc avec lui et le chant reprit:

Dilun, dimeurzh, dimerc'her!

Au bout de quelque temps, le tailleur commença à être fatigué de tourner en rond et en eut assez de répéter sans cesse les noms des trois premiers jours de la semaine. Pour gagner un peu de répit, il dit, sur le ton le plus aimable qu'il pût:

Faites excuse, mes gentilshommes, mais votre chanson me paraît bien peu variée. Elle est trop courte et il serait beaucoup plus joli de chanter aussi la suite.

Les korrigans s'arrêtèrent (c'était toujours autant de repos pris) et parurent perplexes.

— C'est qu'il n'y a pas de suite, dirent-ils.

— Comment, pas de suite? Mais je la connais, moi, la suite.

— Vrai? Tu connais la suite? Oh! alors dis-la-nous.

— Bien volontiers.

Et Kaour, après avoir repris son souffle, de chanter:

Diriaou ha digwener! (Jeudi et vendredi)

Les korrigans poussèrent des exclamations enthousiastes.

– You! You! Magnifique! Voilà qui nous fait une chanson magnifique! Le nombre de pieds y est, la rime aussi. Allons, les amis, reprenons la danse!

Et ils se remirent à danser en chantant:

Dilun, dimeurzk, dimerc'her,

Diriaou ha digwener!

Mais ils étaient maintenant pleins de respect pour le tailleur et veillaient à ne pas le fatiguer. Quand ils virent que ses pas n'étaient plus aussi assurés, ils arrêtèrent leur ronde et leur chef demanda:

– Que désires-tu, Kaour, comme récompense pour nous avoir appris un si beau chant?

– Comme récompense? Ma foi... je ne sais pas... je ne cherchais pas une récompense.

– Eh bien, je t'offre le choix entre un sac d'or et d'argent ou la suppression de ta bosse.

L'intéressé n'hésita pas.

– Si vous êtes en mesure de m'enlever ma bosse et de me rendre aussi droit que la hampe de la bannière de ma paroisse, alors ce n'est pas de refus.

Aussitôt, les nains se précipitèrent sur lui, le lancèrent en l'air, le firent pirouetter et se le passèrent de l'un à l'autre comme un ballon de rugby. Quand il retomba, tout étourdi, il n'avait plus de bosse et était aussi droit que la hampe de la bannière de sa paroisse.

Le lendemain, Kaour rencontra son collègue Laouig qui, en le voyant, se frotta plusieurs fois les yeux.

— Pas possible! C'est toi, Kaour?

— Comme tu le vois: c'est moi et nul autre.

— Ma parole, tu as bien grandi, d'un seul coup, d'une coudée. Mais qu'as-tu fait de ta bosse?

— Ma bosse? Quelle bosse? Tu vois bien que je n'ai pas de bosse. Je ne suis pas un vilain bossu comme toi, Laouig.

— Cesse de te moquer. Tu n'as plus de bosse, mais tu en avais une pas plus tard qu'hier. Il y a de la sorcellerie là-dessous.

Kaour raconta ce qui lui était arrivé.

— Satordellik! se dit Laouig, il faut que j'aille, moi aussi, faire un tour sur la lande au clair de lune. J'irai dès cette nuit, mais je ne serai pas aussi sot que ce pauvre Kaour, je ne refuserai pas le sac plein d'or et d'argent.

Dès que la lune se leva, il se mit en route et lorsqu'il aperçut les korrigans dansant en rond, il s'avança hardiment vers eux.

— Viens danser avec nous, lui crièrent-ils.

Il pénétra dans le cercle et chanta avec eux:

Dilun, dimeurzh, dimerc'her,

Diriaou ha digwener!

Mais bientôt il leur demanda :

— Vous ne savez chanter que cela ? Vous ne con-
naissez pas la suite ?

— Il n'y a pas de suite, répondirent-ils. En connaîtrais-
tu une ?

— Parfaitement.

— Oh ! dis-la-nous, alors. Dis-la vite !

— Écoutez :

Dilum, Dimeurzh, dimerc'her,

Diriaoua ha digwener

Ha disadorn ha disul !

(Et samedi et dimanche !)

Les korrigans firent la moue :

— Ce n'est pas joli, dit l'un.

— Ça ne rime pas, dit un autre.

— C'était beaucoup mieux avant, ajouta un troisième.

Mais leur chef intervint :

— Ça ne fait rien, il faut tenir compte de l'intention.
Nous avons récompensé Kaour en lui offrant de
choisir entre la richesse et la beauté. Nous devons
la même récompense à celui-ci.

149

— Vous m'offrez donc le même choix? demanda Laouig.

— Oui.

— En ce cas, je choisis ce que Kaour a laissé.

Les nains se précipitèrent sur lui, le lancèrent en l'air, le firent pirouetter et se le passèrent de l'un à l'autre comme un ballon de rugby. Mais quand il retomba, tout étourdi, sur ses pieds, il avait deux bosses: la sienne et celle de Kaour.

CONCLUSION

Dans ces pages, nous avons tenté d'aller à la rencontre de personnages qui ont longtemps habité notre univers enfantin. Nous avons cependant dû perdre nos illusions, et notre imaginaire d'enfant a été quelque peu égratigné. Nous avons été plongés dans le monde adulte où la vérité piétine les illusions. Ainsi, les sorcières qui, jadis, nous faisaient tant frissonner et servaient d'exutoire à notre colère n'étaient pas, comme nous l'avons longtemps cru, laides, vieilles et méchantes, mais simplement victimes de l'imagination d'un peuple, lui-même soumis au pouvoir religieux. Quant aux fées, celles que la littérature courtoise a qualifiées de Bonnes Dames, elles ne faisaient pas toutes preuve de bonté et de générosité, les contes populaires qui les ont fait naître leur prêtant souvent des intentions malveillantes. Enfin, les gnomes n'ont pas toujours bonne presse dans les pays où ils se retrouvent.

L'univers magique n'est jamais tout à fait blanc ou tout à fait noir comme nous le pensions enfants. Toutefois, aujourd'hui, petits et grands doivent plus que jamais croire en la magie.

BIBLIOGRAPHIE

BRASEY, Édouard. *Fées et elfes*, Paris, Pygmalion, 1999.

BRASEY, Édouard. *Sirènes et ondines*, Paris, Pygmalion, 1999.

BRASEY, Édouard. *Nains et gnomes*, Paris, Pygmalion, 1999.

BRASEY, Édouard. *Sorcières et démons*, Paris, Pygmalion, 2000.

BREKILIEN, Yann. *Les mythes traditionnels de Bretagne*, Paris, Éditions du Rocher, 1998.

CRÈTE, Liliane. *Les sorcières de Salem*, Paris, Julliard, 1995.

GIVRY, Grillot (de). *Le musée des sorciers, mages et alchimistes*, Paris, Tchou, 1966.

HUYGEN, Wil et Rien POORTVLIET. *Les gnomes*, traduit du néerlandais par Maddy Buysse, Paris, Albin Michel, 1979.

JONG, Érica. *Sorcières*, Paris, Albin Michel, 1982.

LECOUTEUX, Claude. *Les nains et les elfes au Moyen Âge*, Paris, Imago, 1988.

MARKALE, Jean. *L'épopée celtique en Bretagne*, Paris, Payot, 1971.

MARKALE, Jean. *Nouveau dictionnaire de mythologie celtique*, Paris, Pygmalion, 1999.

MAURY, Alfred. *Croyances et légendes du Moyen Âge*, Genève, Slatkine Reprints, 1974.

ROWLING, J. K. *Harry Potter et la chambre des secrets*, Paris, Gallimard Jeunesse, 1999.

SAVAGE, Candace. *Sorcières*, Paris, Éditions du Seuil, 2000.

SEIGNOLLE, Claude. *Histoires sorcières*, Paris, Minerve, 1988.

WARNANT-CÔTÉ, Marie-Andrée. *L'univers merveilleux*, Coll. Primevères, Laval (Québec), Mondia, 1986.

Anthologies

Contes de sorcières et d'ogresses, textes réunis par Pierre Dubois, Paris, Hoëbeke, 1999.

Contes et légendes d'Irlande, traduits du gaélique par Georges Dottin, Rennes, Terre de brume, 1998.

Contes et légendes de Brocéliande, textes réunis par le Carrefour de Trécélien, Rennes, Terre de brume, 1999.

Contes, récits et légendes des pays de France, textes réunis par Claude Seignolle, Paris, Omnibus, 1997.

Trésors des contes du Pays gallo, textes réunis par Olivier Orain, Rennes, Terre de brume, 2000.

SOMMAIRE